David Dewulf

Das Arbeitsbuch der Achtsamkeit

Für die in diesem Buch gemachten Vorschläge können weder der Verlag noch der Autor Verantwortung übernehmen. Im Zweifelsfall ist es ratsam, einen erfahrenen Arzt, Heilpraktiker oder Spezialisten für Naturheilkunde und Akupunktur zu konsultieren.

© 2009 Roularta Books, Roeselare
© 2010 der deutschen Ausgabe: Arbor Verlag GmbH, Freiburg
Die Originalausgabe erschien unter dem Titel:
Mindfulness werkboek – Krachtig en mild leven in het nu

Alle Rechte vorbehalten

1. Auflage 2010

Titelfoto: © mikelieser / photocase.com
Lektorat: Richard Reschika
Gestaltung: Anke Brodersen, nach Entwürfen von Karakters, Gent
Druck und Bindung: Westermann, Zwickau

Dieses Buch wurde auf 100 % Altpapier gedruckt und ist alterungsbeständig.
Weitere Informationen über unser Umweltengagement
finden Sie unter www.arbor-verlag.de/umwelt.

www.arbor-verlag.de

ISBN 978-3-86781-022-7

Vorwort *von Mark Willams*

Manche Bücher können wir an jeder beliebigen Stelle aufschlagen, nur um auf eine weise Aussage zu stoßen, die genau auf unser aktuelles Befinden zutrifft. Solche Bücher sind selten – und eines davon liegt gerade vor Ihnen.

David Dewulf lehrt seit vielen Jahren Achtsamkeitsmeditation. Mehr noch, er *praktiziert* Achtsamkeit seit vielen Jahren und weiß um die damit verbundenen Schwierigkeiten und Freuden.

In den letzten zwanzig Jahren sorgfältig durchgeführte Untersuchungen belegen die Botschaft dieses Buchs: Wir alle haben Denkmuster, die uns, unsere Emotionen und unser Verhalten prägen. Manchmal können diese alten Gewohnheiten unseren Alltag stark beherrschen und jegliche Freude vertreiben. Und doch besteht Grund zur Hoffnung. Wenn wir lernen, uns dem zuzuwenden, was wir am meisten fürchten, und den uns plagenden Denkmustern mit offenem Herzen Aufmerksamkeit schenken, entdecken wir eine Freiheit, die sich mit Worten nicht ausdrücken lässt.

Was sagt die Psychologie über das Steckenbleiben in alten Mustern? Unser Geist ist durch drei Aspekte gekennzeichnet, die normalerweise reibungslos und produktiv funktionieren, sich unter bestimmten Umständen jedoch auf tragische Weise als Bumerang erweisen.

Der erste ist die räumliche Orientierung der Aufmerksamkeit („Attentional Capture"). Haben Sie schon einmal bemerkt, was geschieht,

7

wenn in einem vollen Raum um Sie herum viele Gespräche stattfinden und jemand in Ihrer Nähe plötzlich über etwas zu sprechen beginnt, das *Sie* interessiert. Sie stellen wahrscheinlich fest, dass sich Ihre Aufmerksamkeit auf dieses Gespräch richtet und Sie von dem Gespräch abgelenkt sind, das Sie gerade geführt haben. Möglicherweise bekommen Sie nicht mehr mit, was Ihr Gegenüber Ihnen mitteilt, weil sich Ihre Aufmerksamkeit auf etwas anderes einstimmt. Noch bemerkenswerter ist ein anderes Phänomen: Wenn Sie hören, dass Ihr Name am anderen Ende des Raums erwähnt wird, verlagert sich Ihre Aufmerksamkeit so rasch wie bei einem Wechsel des Radio- oder Fernsehkanals. Dies ist eine wichtige Funktion unseres Geistes, der ständig nach Dingen Ausschau hält, die sich auf uns und unser Wohlergehen auswirken könnten.

Stellen Sie sich jedoch einmal vor, unsere Aufmerksamkeit würde permanent von unseren aktuellen Sorgen „gefangen genommen". Dies geschieht, wenn die äußere Welt bzw. unsere Vorstellungswelt oder unser Gedächtnis voll von Dingen zu sein scheint, die wichtig erscheinen. Ereignisse aus der Vergangenheit oder Sorgen um die Zukunft beschäftigen unseren Geist und *wirken, als ob sie unseren Namen rufen würden*. Wir fühlen uns gezwungen, uns ihnen zuzuwenden. Das Ergebnis ist eines der häufigsten Symptome psychischer Probleme: Wir können uns nicht konzentrieren, wir sind vergesslich, wir haben das Gefühl, „das Ruder aus der Hand gegeben zu haben".

Der zweite Aspekt bezieht sich auf die Neigung, Probleme durchdenken zu müssen. In vielen Situationen ist das zweifellos notwendig. In manchen Kontexten kann dies jedoch leicht zu einem Zuviel an Gedanken führen: Wir grübeln und sorgen uns um Dinge, die im Kern zwar real sind, die wir aber zu einem immensen Fantasiegebilde aufbauschen. „Mitternachtsgedanken" sind ein gutes Beispiel dafür. Wir liegen wach, wälzen Probleme, finden aber meistens keine Lösung. Wenn wir ängstlich und depressiv sind, finden solche „Mitternachtsgedanken" auch am Tage statt. Langjährige Studien belegen, dass sich ein solches „Grübeln" *anfühlt*, als ob es uns helfen würde, Einsichten zu gewinnen, *tatsächlich* jedoch zerstört es unsere Fähigkeit, klar zu erkennen, was erforderlich ist, um eine Lösung zu finden.

Drittens vermeiden wir gewöhnlich, was uns nicht behagt. Der bewusste Verstand hat sich zwar erst vor relativ kurzer Zeit entwickelt, gründet jedoch auf einem seit Millionen Jahren bestehenden evolutionären Prozess. Im Laufe der Äonen haben unsere Vorfahren Generation für Generation nur deshalb überlebt, weil sie erfolgreich lernten, zu vermeiden und Dingen auszuweichen, die potenziell gefährlich waren – zum Beispiel Raubtieren. In seinem Buch *The Expression of the Emotions in Man and Animals* („Der Ausdruck der Gemütsbewegungen bei dem Mensch und den Tieren") erzählt Darwin folgende Geschichte über einen seiner Besuche im Reptilienhaus des Londoner Zoos:

> *„Ich hielt mein Gesicht an die dicke Glasscheibe im Zoologischen Garten, die mich von einer Puffotter trennte, und war fest entschlossen, nicht zurückzuweichen, wenn die Schlange nach mir beißt. Doch als sie gegen die Scheibe schlug, war es mit meiner Entschlossenheit dahin und ich sprang erstaunlich schnell einen oder zwei Meter zurück. Mein Wille und mein Verstand waren machtlos gegenüber der Vorstellung einer Gefahr, der ich niemals ausgesetzt war (Darwin, 1872, Seite 40)."*

Hier wird das Wunder des Körper/Geist-Schutzsystems beschrieben. Der Körper handelt, um einen ernstlichen Schaden zu verhindern. Doch was geschah, damit wir als Spezies die Fähigkeit entwickelten, zu uns selbst zu sprechen, uns an vergangene Ereignisse zu erinnern und uns künftige Szenarien vorzustellen? Unser Geist kann sich nun nicht nur mit *realen* Gefahren, sondern auch mit allen möglichen *eingebildeten* Gefahren beschäftigen. Die älteren Teile des Gehirns reagieren auf eingebildete Schrecken so, als ob wir noch immer im Dschungel lebten. Sobald sich unser Geist mit etwas beschäftigt, das uns bedroht oder aus der Fassung bringt, versuchen wir zu fliehen: Wir unterdrücken den Gedanken oder schieben ihn beiseite. Aus der Forschung wissen wir, dass eine solche Unterdrückung auf uns zurückwirkt: *Alles, wogegen wir uns wehren, bleibt bestehen.* Das, was wir in die Tiefen des Geistes zu verbannen suchten, kommt oft mit größerer Kraft wieder zum Vorschein. Eine Studie belegt, dass der Versuch, *eine* negative Erinnerung fernzuhalten, nicht nur zu einem Rebound-Effekt auf diese Erinnerung führt, sondern auch *weitere* unangenehme Erinnerungen an die Oberfläche treten lässt.

Räumliche Orientierung der Aufmerksamkeit, Grübeln und Vermeidung: Der Geist macht keinen Fehler. All dies sind notwendige und elegante Fähigkeiten – in bestimmten Situationen. Problematisch wird es, wenn sie in Situationen auftreten, in denen sie nicht hilfreich sind – meistens handelt es sich dabei um Situationen, in denen wir uns durcheinander oder verletzlich fühlen.

Was brauchen wir? Zunächst gilt es, eine Möglichkeit zur „Umschulung" unserer Aufmerksamkeit zu finden, um uns auf das konzentrieren zu können, auf das wir uns konzentrieren wollten. Damit könnten wir mehr Kontrolle übernehmen, statt unseren Geist ständig gefangen nehmen zu lassen. Zweitens gilt es, eine Möglichkeit zu finden, um klarer sehen zu können, wann es hilfreich ist, ein Problem zu „durchdenken", und wann nicht. Wir müssen erkennen können, wann wir zu grübeln beginnen, und wissen, dass es sich bei solchen Gedanken um eine Kaskade mentaler Ereignisse handelt, die sich zwar zwingend anfühlt, jedoch aller Wahrscheinlichkeit nach nur dazu führt, dass wir uns verstricken. Drittens gilt es, eine Möglichkeit zu finden, um die uns alle innewohnende Neigung zu wissen, vor unangenehmen Erfahrungen zu fliehen bzw. diese zu vermeiden, und Alternativen für einen Umgang mit ihnen zu finden, der nicht alles noch schlimmer macht.

Die Achtsamkeitsmeditation kann uns dabei helfen. Sie gibt uns eine Möglichkeit an die Hand, unsere Aufmerksamkeit so zu schulen, dass sie dort sein kann, wo wir sie haben möchten, ohne permanent der Vergangenheit oder Zukunft ausgeliefert zu sein. Sie lehrt uns zu erkennen, wenn wir uns in unseren Gedanken verstricken, wenn wir in den Strudel unserer Fantasien gezogen werden. Sie lehrt uns, wann es sinnvoll ist, uns Schwierigkeiten zuzuwenden, statt vergebens zu versuchen, vor ihnen davonzulaufen. Sie lehrt uns, offen und bereit zu sein, uns schmerzlichen Gedanken, Erinnerungen und möglichen künftigen Dramen zu stellen, und, nachdem wir sie uns bewusst gemacht haben, zu wissen, wie eine möglichst weise und mitfühlende Antwort ausfallen kann.

Das ist nicht leicht und wir benötigen die Unterstützung eines guten Lehrers. Dieses Buch ist von einem solchen Menschen geschrieben
und ich lege es Ihnen ans Herz. Möge diese Praxis Sie von Tag zu Tag
und von Moment zu Moment nähren.

Mark Williams
Professor für Klinische Psychologie, Universität Oxford
Autor von *„Der achtsame Weg durch die Depression"*

Eine handvoll Erfahrung
ist mehr als eine Tonne Wissen

Die Einladung dieses Buches

Dieses Buch basiert auf meiner langjährigen Erfahrung mit den klinischen Programmen MBSR (Mindfulness Based Stress Reduction) und MBCT (Mindfulness Based Cognitive Therapy). Dieses achtwöchige Übungsprogramm verbindet östliche Weisheitslehren mit westlicher Psychologie und eignet sich besonders gut bei der Bewältigung von Stress sowie zur Behandlung von Ängsten, psychosomatischen Symptomen, Schmerzen und zur Vorbeugung von Depression.

In diesem Buch werden die beiden Programme miteinander kombiniert. Außerdem fließen Elemente aus der kognitiven Psychologie und der Körper/Geist-Medizin ein. Dieses Buch mag noch so ausführlich sein, es kann die Praxis von Meditation und Reflexion nicht ersetzen. Die Meditationsübungen erfordern einiges an Mut und Ausdauer. Vielleicht tauchen Emotionen oder ein Gefühl von Unbehagen auf. Möglicherweise bietet es sich an, die Übungen unter Aufsicht oder im Rahmen eines Gruppenangebots durchzuführen.

Achtsamkeit war zwar ursprünglich nicht als Therapieform gedacht, wird aber heute mehr und mehr therapeutisch eingesetzt – zum Beispiel zur Stressbewältigung, Linderung chronischer Schmerzen und Vorbeugung von Depression. Bei psychischen Problemen, die einer Behandlung bedürfen, sollte unbedingt eine geeignete Beratung in Anspruch genommen werden. Im Zweifelsfall sollten Sie Ihren Arzt oder Therapeuten konsultieren. Achten Sie darauf, dass Ihr Kursleiter über eine geeignete Ausbildung und langjährige Erfahrung mit der Achtsamkeitspraxis verfügt.

Ich wünsche Ihnen Erfolg. Möge dieses Buch Ihnen einen Weg eröffnen, zu einem neuen Gleichgewicht und zur Lebensfreude zu finden.

David Dewulf

Vorwort

Vor kurzem musste ich zur Post. Ich hatte gerade meditiert und genoss den Spaziergang. Im Schalterraum der Poststelle wartete eine lange Schlange von bestimmt sieben Menschen. Ich fühlte mich so gut, dass mir das nichts ausmachte. Ich wartete und wartete. Ich atmete. Nach rund zehn Minuten stellte ich fest, dass die Kundin, die bedient wurde, als ich die Poststelle betrat, immer noch am Schalter stand. Das Stehen ermüdete mich. Und obwohl ich Zeit hatte – es war Samstag –, beschloss ich, wieder zu gehen. Ich verließ den Schalterraum, atmete tief durch, freute mich über das schöne Wetter und setzte meinen Weg fort.

Früher wäre diese Geschichte für mich ganz anders verlaufen: Ich hätte gereizt und ärgerlich reagiert und in meinem Kopf wären Gedanken gekreist wie „Warum muss ich so lange warten?", „Das ist kein Service", „Das geht so nicht", „Warum muss diese Frau so viel Zeit in Anspruch nehmen?", „Kennt sich der Mann hinter dem Schalter nicht aus?" und, und, und. Diese Gedanken mögen zwar einen Kern von Wahrheit in sich tragen, dennoch ist es wichtig zu verstehen, dass das Wissen um ihren Wahrheitsgehalt nicht hilft, sie loszulassen. Sie erzeugen nur Stress und einen Tunnelblick. Sobald Sie die Poststelle verlassen, können Sie die Sonne und den Augenblick nicht mehr genießen. Ihr Ärger wird Sie auf dem ganzen Weg begleiten.

Es ist so einfach: *Wenn Sie glücklich sein wollen, lassen Sie los.* Wann empfinden wir den größten Stress? Meistens dann, wenn wir an einer Meinung, einem Urteil oder dem „Müssen" festhalten. Loslassen ist ein großes Wort. Vielleicht haben Sie es schon einmal als gut gemeinten Ratschlag gehört. Doch wie macht man das? In einer achtsamen Haltung können wir die Dinge betrachten und loslassen. Wir lernen, wie man das macht. Wir lernen, bei uns anzukommen und den Augenblick zu genießen, ohne ständig unser Unbehagen mit uns herumzutragen. Denn in diesem neuen Augenblick befinde ich mich nicht mehr wartend in der Poststelle. Was jetzt da ist, ist die Sonne und das, was das verbleibende Wochenende sonst noch bietet. Es erfordert nichts weiter als Gewahrsein, um den gegenwärtigen Moment nicht zu verpassen.

Das Beispiel mit der Poststelle klingt nicht so, als ob es wirklich ein Drama wäre. Vielleicht kommen Ihnen Ihre Schwierigkeiten deutlich größer vor. Solche Gedanken sind jedoch oft so unerbittlich und fast zwanghaft, dass sie von den schönen Dingen ablenken. Manchmal verursachen sie einen regelrechten emotionalen Aufruhr. Ob Ihr Vertrauen missbraucht wurde oder Sie unter dem Verlust eines Kindes oder eines Freundes leiden – Achtsamkeit kann Ihnen helfen, den tiefsten Gefühlen die Aufmerksamkeit zu schenken, die es braucht.

Achtsamkeit ist ein Weg, Gefühle auch dann ehrlich wahrzunehmen, wenn sie unangenehm sind. Mit meditativer Aufmerksamkeit sorgen Sie für sich und Ihr Leben. Schmerz und Desillusionierung gehören einfach dazu. Wenn Sie dies leugnen, verleugnen Sie einen Teil von sich. Oft wird der Schmerz auf diese Weise ganz unbeabsichtigt sogar noch verstärkt. Wenn Sie sich achtsam begegnen, sind Sie ehrlich zu sich selbst. Sie entdecken, wie Sie das Leiden, das zu unserem Menschsein gehört, nicht noch verstärken.

Achtsamkeit bedeutet im Grunde, der Gegenwart volle Aufmerksamkeit zu schenken. Achtsamkeit hat nichts mit Mystik zu tun. Wir sind uns des einzigen Augenblicks gewahr, den es gibt: das Jetzt. Das ist die Basis. Indem wir diese Achtsamkeit kultivieren, können wir eine ganz neue Dimension dessen entdecken, was bereits Teil unseres Lebens ist: das Leben, wie es jetzt ist. kommen im Leben an, mit Gewahrsein, Wertschätzung und Kraft – auch in schweren Zeiten.

Willkommen zu Woche 1

Die Aufmerksamkeit
auf den Atem und den Augenblick richten

Dem Zauber des Augenblicks
Aufmerksamkeit schenken – **jetzt**

1. *Hier sein*

Es geht nicht darum, irgendwo hinzugehen,
sondern darum, ganz hier zu sein.

Die Achtsamkeitspraxis ist 2500 Jahre alt. Sie ermöglicht größere Bewusstheit und Weisheit, damit wir den Augenblick – auch in den schmerzlichsten Momenten – voll und ganz leben können. Achtsamkeit bedeutet, dem einzigen Augenblick, den wir haben, volle Aufmerksamkeit zu schenken: der Gegenwart, dem „Hier und Jetzt".

Wir finden uns häufig in einem regelrechten Strudel von Gedanken wieder: Wir planen, machen uns Sorgen, durchleben Frustrationen noch einmal oder sind bedrückt. Wir lassen uns von Meinungen darüber leiten, wie die Welt sein sollte, wie Menschen sich verhalten sollten, was wir fühlen sollten, was wir noch erreichen müssen. Der Augenblick wird kaum wahrgenommen. Er kommt nicht vor.

Jeroen berichtet:

Eigentlich hätte ich glücklich sein müssen. Ich hatte alles: gesunde Kinder, eine gute Ehe und eine Arbeit, an der ich wachsen konnte. Viele Menschen halten mich für erfolgreich. Trotzdem fehlte mir etwas Wesentliches. Ich war von Gedanken und Plänen umgeben. Wenn ich mit meiner Familie am Tisch saß, war ich nicht wirklich für sie da. In Gedanken schrieb ich ein E-Mail und plante das nächste Projekt. Wenn wir im Park spazieren gingen, sah ich, dass es meiner Frau und meinen Kindern gefiel. Ich dagegen war abwesend. Ich beschloss, den Weg der Achtsamkeit zu gehen. Schließlich geht es um mein Leben.

Jeroen steht mit seiner Erfahrung nicht alleine da. Haben Sie manchmal das Gefühl, das Leben ginge an Ihnen vorbei? Wir sind so sehr mit Denken und Tun beschäftigt. Wir machen Pläne und dann machen wir uns Sorgen, ob sie gelingen.

Obendrein zeigen sich Ereignisse aus der Vergangenheit manchmal im „Jetzt". Vergangenheit und Zukunft nehmen uns in Beschlag. In der Gegenwart erleben wir nichts als Stress.

Da wir meinen, das „Hier" genüge nicht, beeilen wir uns, möglichst schnell nach „Dort" zu gelangen. Wir glauben, hinter der nächsten Ecke wäre es besser. Wir erkennen nicht, dass Eile nur noch mehr Stress bedeutet. Wir fahren mit unserem gewohnten Verhalten fort, und das Leben wird immer anstrengender und weniger lohnenswert.

Kennen Sie das?

... Vom Wecker aus dem Schlaf gerissen werden. Aufstehen ... Im Eiltempo duschen und Zähne putzen. Schnell, schnell, schnell. Der Tisch ist zum Glück schon gedeckt. Keine Zeit verlieren. Das Frühstück hinunterschlingen und nebenbei heißen Kaffee schlürfen. Den Mund verbrannt und kaum was geschmeckt. Sich schnell mit einem flüchtigen Kuss verabschieden, kaum was gespürt.

Ins Auto. Tasche vergessen, also zurück ins Haus. Die Geschwindigkeitsbegrenzungen auf dem Weg zur Arbeit missachten. Uff! An der nächsten Kreuzung fluchen, weil die Ampel auf rot schaltet. Auf der Schnellstraße Gas geben. Sich Sorgen machen, planen, ruhelos, Kopfschmerzen kündigen sich an. Der Blutdruck steigt? Fahren, fahren, fahren, vom zweiten in den vierten Gang schalten. Falsch, zurück in den dritten Gang. Nicht auch das noch: ein Stau. Warum bin ich nicht früher losgefahren?

Gerade rechtzeitig ankommen. Die letzten 10 Kilometer kaum wahrgenommen. Nach einem Parkplatz in der Nähe des Gebäudes suchen. Kein freier Platz. Sag' ich doch. Und jetzt? Warten, warten! Ungeduldig werden. Mit den Fingern auf das Lenkrad trommeln. Bin ich jetzt sowieso zu spät? Oh nein ...

Achtsamkeit bedeutet, neugierig für das zu bleiben,
was sich „hier" und „jetzt" zeigt.
Nur dann können wir den Reichtum
des gegenwärtigen Augenblicks erfahren.

Achtsamkeit lehrt uns, der Kostbarkeit des Augenblicks gewahr zu werden. Ohne Gewahrsein entgehen uns unzählige reiche Erfahrungen – wir verpassen nichts weniger als das Leben. Wenn wir in unserem Tun präsent sind und uns verlangsamen, kommen wir im Leben an.

In der nächsten Übung verbinden wir uns mit unseren unmittelbaren sensorischen Empfindungen: Hören, Sehen, Berühren, Schmecken, Fühlen. Sie lassen die Empfindungen einfach voll und ganz zu, sind offen für sie. Wenn Sie bemerken, dass Gedanken oder Geschehnisse Ihre Aufmerksamkeit von den Empfindungen ablenken, richten Sie sie behutsam wieder auf Ihre unmittelbare sensorische Wahrnehmung.

Nehmen Sie eine Rosine in die Hand. Lassen Sie alles los, was Sie über Rosinen wissen. Stellen Sie sich vor, Sie kämen vom Mars und wurden auf dem Planeten Erde abgesetzt. Ihre Aufgabe lautet, Gegenstände auf der Erde zu erforschen. Sie verfügen über keinerlei Bezugsrahmen. Sie haben nie zuvor eine Rosine gesehen oder gegessen. Wenn Gedanken aufkommen, versuchen Sie sie loszulassen. Konzentrieren Sie sich ganz auf Ihre sensorische Wahrnehmung. Führen Sie die Übung in der beschriebenen Art und Weise durch. Nehmen Sie sich dafür 5 bis 10 Minuten Zeit.

Die Übung zeigt uns, wie wir einen immensen Reichtum erfahren können, indem wir unsere Aufmerksamkeit ganz auf den gegenwärtigen Augenblick richten. Sie zeigt uns, was es bedeutet, wie ein Kind mit dem Geist eines Anfängers präsent zu sein. Dazu ist nichts weiter erforderlich als der Erfahrung des Augenblicks Zeit und Aufmerksamkeit zu schenken, ohne sie durch Wissen oder Meinungen zu filtern.

Die Übung

Nehmen Sie die Rosine in die Hand und schließen Sie die Augen. Nehmen Sie ihr Gewicht und ihre Temperatur wahr.

Nehmen Sie die Rosine jetzt in die andere Hand, indem Sie sie zwischen Daumen und Zeigefinger halten. Rollen Sie sie zwischen den beiden Fingern hin und her. Nehmen Sie ihre Form und die Beschaffenheit ihrer Oberfläche wahr.

Drücken Sie die Rosine leicht zusammen. Nehmen Sie ihre Konsistenz und ihre Nachgiebigkeit wahr.

Halten Sie sie an Ihr Ohr und hören Sie ihr zu. Werden Sie still und machen Sie sich empfänglich für das, was Sie hören.

Riechen Sie an der Rosine. Erlauben Sie sich, ihren Geruch ganz aufzunehmen. Schenken Sie diesem Sinneseindruck ihre volle Aufmerksamkeit. Wie teilt sich Ihnen die Rosine über ihren Duft mit?

Halten Sie sie an Ihre Lippen und nehmen Sie wahr, ob es eine Reaktion Ihres Mundes gibt.

Halten Sie sie vor sich. Öffnen Sie Ihre Augen und betrachten Sie die Rosine, als ob Sie nie zuvor etwas Derartiges gesehen hätten. Welche Farbe hat sie und wie ist ihre Oberfläche beschaffen? Wie bricht sich das Licht in ihr?

Schließen Sie Ihre Augen wieder und führen Sie die Rosine noch einmal zum Mund. Nehmen Sie die koordinierten Bewegungen wahr, mit denen Sie die Frucht geradewegs zum Mund führen. Legen Sie sie langsam auf Ihre Zunge. Wie fühlt sich das an?

Nehmen Sie wahr, wie kompetent Ihre Zunge die Rosine in dem Moment zwischen Ihre Zähne schiebt, in dem Sie entscheiden, sie zu kauen.

Spüren Sie die Explosion der Sinneseindrücke, wenn Sie auf die Rosine beißen.

Nehmen Sie auch die Sinneseindrücke beim Schlucken wahr.

Kauen Sie gründlich und nehmen Sie wahr, wie sich der Geschmack mit der Zeit verändert.

Spüren Sie dem Geschmack mindestens noch eine Minute nach. Ändert sich seine Qualität? Halten Sie Ihre Aufmerksamkeit auf die Mundregion gerichtet, während Sie den noch immer vorhandenen Geschmack wahrnehmen.

Schreiben Sie nach dieser Übung auf, was Sie wahrgenommen haben.

Welche Qualitäten haben Sie festgestellt?
Schreiben Sie mindestens 15 Qualitäten auf, bevor Sie fortfahren.

....

....

....

....

....

....

....

....

....

....

....

....

....

....

Teilnehmer des Übungsprogramms nannten unter anderem folgende Qualitäten: leicht, rund, oval, süß, sauer, außen hart, innen weich, braun, durchscheinend, knackig, gerillt, schillernd, nachgiebig, scharf, würziger Geschmack, süßer Geschmack, ein sich permanent ändernder Geschmack, verformbar, mit Farbschattierungen, weich, steinhart, das Wasser im Munde zusammenlaufen lassend usw.

All diese Eindrücke vermittelte eine einzige Rosine. Die Erfahrung unterscheidet sich völlig von dem, was Sie wahrnehmen, wenn Sie 20 Rosinen auf einmal in den Mund stecken und gleichzeitig fernsehen oder Zeitung lesen. Das verpassen wir, wenn wir dem „Hier und Jetzt" keine Aufmerksamkeit schenken.

Jemand sagte: „Es ist eine sinnliche Erfahrung". Ein anderer Teilnehmer sagte: „Ich dachte immer, ich mag keine Rosinen. Aber das stimmt nicht. Jetzt, wo ich sie mit dem Geist eines Anfängers wahrgenommen habe, stelle ich fest, dass ich Rosinen mag. Niemand kann sich den Reichtum an Erfahrungen vorstellen, den man mit einer Rosine machen kann."

Wenn wir dem Augenblick Aufmerksamkeit schenken, können wir riesige Schätze entdecken. Wir erfahren, was es heißt, wie ein Kind mit dem *Geist eines Anfängers* präsent zu sein. Dazu ist nichts weiter erforderlich als der Erfahrung des Augenblicks Zeit und Aufmerksamkeit zu schenken, ohne sie durch Wissen oder Meinungen zu filtern.

Im Geist eines Anfängers
gibt es unendlich viele Möglichkeiten,
im Geist eines Spezialisten nur wenige.

Shunryu Suzuki

Nachdem wir eine Rosine gegessen haben, ist ihr Geschmack als Erinnerung gespeichert. Dies bedeutet, dass wir den Geschmack der nächsten, einzigartigen Rosine nicht mehr wahrnehmen und stattdessen auf das *Konzept „Rosine"* zurückgreifen. Wir schmecken die Erinnerung, die wir an die Rosine haben.

Wir tragen fortwährend unsere Konzepte und unser Wissen in die Gegenwart hinein. Wir betrachten alles, was uns in der Gegenwart begegnet, durch die Filter der Vergangenheit. Wir glauben zu wissen und wir werden zu einer Art „Spezialist".

Leider erfahren wir dadurch eine Art Fixierung. Wir erleben nicht mehr die Einzigartigkeit des Augenblicks, sondern *wiederholen die Vergangenheit.* Wir verlieren den Zugang zu der reichen Erfahrung des „Hier und Jetzt".

Wissen sagt, was war, Achtsamkeit zeigt, was ist.

Eine Erfahrung, die eine Sekunde alt ist, wird Wissen genannt. Sie ist bereits zu einem Konzept geworden. Wissen ist wenig hilfreich. Es sagt uns lediglich, was war. Man kann darüber sprechen, aber keine Beschreibung wird der Erfahrung vollkommen gerecht. Um den einmaligen Reichtum des gegenwärtigen Augenblicks erneut erleben zu können, müssen wir unser Wissen über die Rosine loslassen.

Wissen ist statisch und gehört der Vergangenheit an.
Achtsamkeit ist dynamisch
und gehört dem gegenwärtigen Augenblick.

Können Sie die nächste Rosine
in ihrer ganzen Fülle schmecken,
wenn Sie glauben zu wissen,
wie eine Rosine schmeckt?

Können Sie die nächste Rosine
wieder mit unschuldiger Aufmerksamkeit
und Neugier schmecken?

Wir sind nur dann in der Lage, eine Rosine wieder voll und ganz zu schmecken, wenn wir den Geist eines Anfängers annehmen und „nicht wissen". Bei diesem Prozess bleibt jeder neue Augenblick wichtig. Das bedeutet, dass Sie jeden Moment komplett loslassen müssen, um den nächsten Augenblick voll und ganz leben zu können.

NUR DER GEGENWÄRTIGE AUGENBLICK

Wenn wir einen Baum betrachten,
sehen wir nicht diesen einen Baum.
Wir sehen das „Konzept" Baum,
das irgendwo in unserer Erinnerung gespeichert ist.

Jiddu Krishnamurti über Freiheit

Kultivieren wir Neugier und Interesse für den gegenwärtigen Augenblick, so wird jede Erfahrung einmalig und wertvoll. Wir können die Schönheit dieses einen Baumes in diesem einen Moment nur sehen, wenn wir ihn ohne Erinnerungen, Meinungen und Schlussfolgerungen betrachten.

Haben Sie bemerkt, dass das Interesse in dem Moment nachließ, in dem Sie die Rosine als etwas „Bekanntes" betrachteten? Wenn wir meinen, etwas zu kennen, finden wir es häufig nicht mehr interessant. Es erhält das Etikett „bekannt" und damit lohnt sich eine Erforschung nicht mehr.

Wenn wir dem Leben intensive Aufmerksamkeit schenken wollen, müssen wir unser Wissen loslassen. Wissen loslassen steigert die Neugier und aktiviert die Aufmerksamkeit für das „Jetzt". Wir sagen nichts voraus und nehmen nichts vorweg. Wir kommen im Leben an, in diesem Augenblick.

EINEN BAUM BETRACHTEN

Um in jedem Moment deines Lebens
ausgeglichen und überzeugend du selbst
sein zu können,
musst du einfach nur ein Baum sein.

Hans Bouma

Eine Minute SAM-Pause[1]

Innehalten, atmen und des gegenwärtigen
Augenblicks gewahr sein.
Was sehen Sie? Was fühlen Sie?
Was können Sie jetzt würdigen?

Im Zustand des Gewahrseins entdecken Sie, dass auch Kleinigkeiten Ihrem Leben Qualität verleihen können und dass es nicht etwas „anderes", „Besonderes" oder „Künftiges" sein muss. Die Achtsamkeitspraxis lehrt uns, dass die Zukunft nicht mit Sicherheit eine Verbesserung des gegenwärtigen Augenblicks darstellt. Zukunft existiert nicht. Es gibt immer wieder nur diesen einen neuen Moment, den wir „Jetzt" nennen. Wir können erfahren, dass das „Jetzt" etwas Besonderes und Wertvolles ist. Wir schenken den Alltäglichkeiten Aufmerksamkeit, die wir oft mit dem Autopiloten erledigen. Dies können Momente sein, in denen das Leben reicher und angenehmer wird.

---

1   Anm. d. Übers.: Die Abkürzung SAM steht für „stopping and attending the moment" (vgl. Erläuterung auf S.79)

Wenn wir das Leben
mit dem Autopiloten leben,
verpassen wir viel.

> *Um das Leben voll und ganz zu erfahren, bedarf es in jedem Augenblick einer offenen, uneingeschränkten Aufmerksamkeit.*

Sie haben erfahren, was Neugier bewirkt. Sie erleben plötzlich eine ganz neue Welt, wenn Sie den Dingen so begegnen, als hätten Sie nie zuvor etwas Vergleichbares erfahren.

Wenn wir Auto fahren, essen, die Zähne putzen oder duschen, dann tun wir dies gewöhnlich mit wenig fokussierter Aufmerksamkeit. Solche Alltagstätigkeiten sind zu unbewussten Mechanismen geworden. Darum können wir dabei an etwas anderes denken. Die Fähigkeit, mehrere Dinge gleichzeitig zu tun, brauchen wir, um durch das Leben navigieren zu können. Sie erlaubt uns zum Beispiel, uns beim Autofahren zu unterhalten. Wir benutzen sozusagen den *Autopiloten*.

Wir müssen zwar einige Aufgaben automatisch erledigen können. Doch dieser unbewusste Prozess hat auch einige Nachteile. Die Aufmerksamkeit fällt einer Flut von Gedanken zum Opfer. Wir sind nicht bewusst. Wir verpassen den einzigen Moment, den wir haben: den gegenwärtigen Augenblick. Auf diese Weise können Spiralen negativer Gedanken entstehen.

Inge berichtet

Wenn ich früher nach der Arbeit um 20 Uhr nach Hause kam, „musste" ich noch den Haushalt erledigen. Bis ich mich entspannen konnte, war es 21.30 Uhr. Heute schenke ich dem, was ich tue, Aufmerksamkeit, während ich es tue. Ich spüre das Wasser beim Abwaschen, ich stelle die Teller achtsam an ihren Platz usw. Bei all dem entspanne ich mich. Ich mache das Gleiche, aber mit freundlicher Aufmerksamkeit. Das macht einen großen Unterschied.

Vielleicht haben Sie die Übung mit der Rosine ja auch nicht gemacht, weil sie Ihnen nicht interessant erschien. Und Ihr Gefühl wird bestätigt: Wenn Sie sich keine Zeit nehmen, um zu fühlen und mit dem zu sein, was ist, können Sie seinen Wert nicht erfahren. Nur wenn wir aufmerksam sind, können wir die Erfahrung machen, dass sich Gewahrsein in jedem Augenblick lohnt.

Es ist wichtig, innezuhalten und sich Zeit zu nehmen. Sich Zeit für etwas oder jemanden nehmen bedeutet, es oder diesen Menschen zu würdigen. Es geht um die Erfahrung des Lebens an sich.

Jeroen berichtet:

Es ist erstaunlich festzustellen, wie wenig Aufmerksamkeit ich den kleinen, angenehmen Dingen im Leben schenke. Bevor ich die Erfahrung überhaupt zu genießen beginne, plane ich schon das Nächste. Dies zu erkennen, ist nicht leicht auszuhalten, befreit aber auch. Dabei hilft es mir, wenn ich die Aufmerksamkeit auf den Atem lenke. So kann ich bewusst loslassen und der Schönheit gewahr werden, die bereits da ist. Ich verliere mich weder in dem, was nicht da ist, noch in dem, was noch kommen wird.

Meine Freunde haben bemerkt, dass ich mehr für sie da bin. Ich nehme einen großen Unterschied wahr, wenn ich zu Hause mit meiner Frau und meinen Kindern am Tisch sitze. Was ist wichtiger als dieser eine Augenblick mit der Familie oder den Freunden?

In all den Jahren, in denen ich im Wald spazieren gegangen bin, ist mir nie die Schönheit der Bäume und Pflanzen aufgefallen. Nun gebe ich mich ganz der Symphonie aus Klängen und Farben hin, den Pflanzen, den Vögeln, dem Wind. Es braucht nur meine bewusste Entscheidung, achtsam zu sein.

Das Duschen wurde zu einem faszinierenden Erlebnis. Das fließende Wasser, der Duft der Seife und, und, und. Jetzt gebe ich mir die Chance, dies zu genießen, statt beim Duschen meinen Tag zu planen. Natürlich gelingt mir das nicht immer und vor allem nicht montags, aber das ist in Ordnung. Ich kann mir erlauben, bisweilen auch nicht achtsam zu sein.

Kann ich mir eine kurze Pause gönnen?
Kann ich mir Zeit nehmen, um Schönheit in
mich aufzunehmen?

DARUM GEHT ES!

Kann ich durch einfache Dinge Lebensqualität
erfahren oder muss es etwas anderes sein?

Der Atem

Sie wollen ihn vorsichtig einfangen,
doch er entschlüpft Ihnen.
Sie suchen nach Ihrem eigenen Rhythmus,
bis Sie in seiner unendlichen Wiederholung
erblühen können.

K. Wens

2. Achtsamkeit auf den Atem richten

In der Achtsamkeitspraxis schenken wir nicht nur der Welt um uns herum Aufmerksamkeit, sondern auch unserer inneren Welt. Da unsere Gedanken ständig unsere Aufmerksamkeit in Beschlag nehmen, verlieren wir leicht den Kontakt zur Fülle des gegenwärtigen Augenblicks.

Wir werden nun die tief in uns liegende Welt eingehender betrachten. Dazu richten wir unsere Aufmerksamkeit zunächst auf den Atem. Wir beobachten, wie der Atem ein- und ausströmt.

Vielleicht denken Sie: „Die Aufmerksamkeit auf den Atem richten? Wie seltsam! Etwas Langweiligeres kann ich mir gar nicht vorstellen." Möglicherweise fällt Ihnen nichts anderes ein. Warum sollten wir also unsere Aufmerksamkeit auf den Atem richten?

DIE MACHT DER GEDANKEN

Gewöhnlich ist unsere Aufmerksamkeit von unseren Gedanken in Beschlag genommen. Wir denken, wir planen, wir sorgen uns und machen uns noch mehr Gedanken. Tausende von Gedanken kommen auf, einer nach dem anderen. Tu' dies, tu' das, lass' das, vergiss' dies nicht, vergiss' das nicht. Es hört nicht auf. Haben Sie sich jemals bewusst vorgenommen: „Jetzt mache ich mir Sorgen"? Nein. Unsere Gedanken folgen ihren eigenen Regeln und erscheinen automatisch.

Ist es Ihnen schon einmal passiert, dass ein „rücksichtsloser" Fahrer Sie abgedrängt hat und Sie immer noch wütend waren, nachdem der Fahrer und sein Fahrzeug längst außer Sicht waren?

Haben Sie auf einer Autofahrt schon einmal eine heftige Diskussion mit einer Person geführt und dann nach 20 Minuten festgestellt, dass die andere Person gar nicht anwesend ist?

35

Zwei Mönche am Fluss

Zwei Mönche kamen auf dem Heimweg an das Ufer eines reißenden Flusses, an dem eine junge Frau stand, die den Fluss nicht alleine überqueren konnte.

Einer der Mönche nahm sie auf den Arm und trug sie sicher ans andere Ufer. Die beiden Mönche setzten ihren Weg fort.

Der Mönch, der den Fluss allein überquert hatte, konnte schließlich nicht länger an sich halten und begann, seinen Bruder zu tadeln: „Du weißt, dass es gegen unsere Regeln verstößt, eine Frau zu berühren? Du hast gegen das heilige Gelübde verstoßen."

Der andere Mönch antwortete: „Bruder, ich habe die Frau am Ufer des Flusses abgesetzt. Du aber trägst sie noch immer."

Zen-Geschichte

EINE FLUT VON GEDANKEN

In uns herrscht eine Flut von Gedanken. Wir denken und denken ohne Unterlass. Unsere Gedanken führen oftmals ein Eigenleben und wir haben Maßstäbe und Meinungen zu allem:

* Wie die Welt sein sollte.
* Wie ich fühlen sollte.
* Wie andere sich verhalten sollten.

Doch wie sieht die Realität aus? Sie entspricht dem nicht. Ich fühle nicht so, wie ich gerne fühlen möchte. Die Welt und die anderen passen sich meinen Wünschen nicht an. Da ist Frustration vorprogrammiert. Diese Frustrationen wollen wir natürlich nicht fühlen, sondern sie loswerden, und zwar schnell. Also denken wir über sie nach und versuchen, sie unter Kontrolle zu bringen: Wir denken über unsere Probleme nach und versuchen, ihnen vorzugreifen.

Dirk berichtet

Dirk berichtete, dass es wichtig war, ununterbrochen zu denken. Dass er krank werden, in finanzielle Schwierigkeiten geraten oder andere Missgeschicke erleiden könnte. „Das ist die Realität", sagte er, „man weiß nie". „Mein Leben ist sehr vom Denken bestimmt, und es gibt keine Pausen."

Wir wissen tatsächlich nicht, was uns der morgige Tag bringt. Manchmal ist es notwendig, vorauszudenken und zu planen. Das Problem liegt darin, dass das Denken nie aufhört. Es gelingt uns kaum, zu entspannen oder zu genießen. Die Gedanken stellen sich unaufhörlich ein, Sorgen klopfen unablässig an unsere Tür. Ein Großteil dieser Gedanken konzentriert sich auf Schwierigkeiten, die nie auftreten werden.

Indem wir unsere Achtsamkeit auf den Atem lenken, verbinden wir uns ganz mit diesem Moment, dem „Jetzt". Wir vertrauen uns dem gegenwärtigen Augenblick an, so, wie er ist, ohne uns auf später vorzubereiten oder etwas Vergangenes noch einmal zu durchleben.

*Indem wir die Aufmerksamkeit auf den Atem richten,
können wir die endlose Flut der Gedanken
eine Weile sich selbst überlassen und in Kontakt
treten mit dem Frieden und der Einfachheit
des „gegenwärtigen Augenblicks"*

Körperhaltung

* Setzen Sie sich bequem auf einen Stuhl und stellen Sie Ihre Füße flach auf den Boden. Wenn es angenehm für Sie ist, können Sie sich auch auf ein festes Kissen auf den Boden setzen. Nehmen Sie eine würdevolle Körperhaltung ein. Diese Würde ist eine Haltung, mit der Sie Ihre Erfahrung freundlich willkommen heißen.
* Schließen Sie Ihre Augen halb und richten Sie Ihren Blick sanft auf den Boden vor Ihnen, ohne zu starren. Ihr Blick ist weich und Ihre Aufmerksamkeit ist nach innen gerichtet.

Der Atem

* Richten Sie Ihr Gewahrsein auf die Körperempfindungen beim Sitzen. Nehmen Sie sich Zeit, um den Kontakt Ihrer Füße mit dem Boden zu spüren.
* Richten Sie Ihr Gewahrsein jetzt auf die sich ändernden Empfindungen in Ihrem Bauchraum, während der Atem ein- und ausströmt.
* Lassen Sie das Atmen einfach geschehen. Es gilt nichts zu erreichen. Lassen Sie Ihre Erfahrung nichts weiter als Ihre Erfahrung sein.
* Sie können zunächst eine Hand auf Ihren Bauch legen, um den Kontakt mit dem zu vertiefen, was Sie dort spüren.
* Sie können beim Einatmen still „einatmen" und beim Ausatmen „ausatmen" denken. Wichtiger ist aber das, was Sie fühlen. Gedanken zu benennen, kann helfen, die Aufmerksamkeit zu fokussieren.
* Nehmen Sie auch die Pausen zwischen dem Einatmen und dem Ausatmen wahr, und den Beginn des Einatmens und des Ausatmens.
* Sie können aufkommenden Gedanken oder Gefühlen den Namen „Denken" oder „Fühlen" geben. Richten Sie Ihr Gewahrsein dann wieder sanft auf Ihre sich hebende und senkende Bauchdecke und konzentrieren Sie sich auf das Einatmen und Ausatmen.
* Wenn Sie bemerken, dass Sie abgeschweift sind, kehren Sie einfach zum Atem zurück. Ihre Aufmerksamkeit wieder auf den Atem zu richten ist ein wesentlicher Teil der Praxis.

Nicht zurückweichen,
nicht leugnen,
nicht fliehen …
Ein Ort, an dem wir Milde kultivieren
und tiefer schauen…

Warum der Atem?

Der Atem ist immer da, hier und jetzt. Wir brauchen uns nichts vorzustellen. Wir brauchen kein Mantra. Der Atem verbindet uns mit unseren Gefühlen. Der Atem erlaubt uns, unsere komplizierte Gedankenwelt loszulassen.

Wenn wir uns permanent in unserer komplizierten Gedankenwelt verlieren, können wir kaum Frieden erfahren. Stress und Ängste können entstehen und uns lähmen. Die Achtsamkeitspraxis hilft uns, besser und wirksamer mit den Gedanken umzugehen. Auf diese Weise entsteht Raum und Nüchternheit gegenüber der gegenwärtigen Situation. Das erfordert Übung. Indem wir das Gewahrsein auf den Atem richten, ankern wir uns in der Gegenwart.

Es geht um das Gewahrsein

Mit Konzentration auf den Atem meinen wir vor allem die Qualität des Gewahrseins, mit dem wir dem gegenwärtigen Augenblick begegnen. Der Atem ist dabei ein wichtiges Werkzeug und lässt sich nutzen, um die Konzentration und Stabilität zu erhöhen.

Es geht also nicht darum, auf eine bestimmte Weise zu atmen, sondern um die Haltung, die wir dem gegenwärtigen Augenblick entgegenbringen. Wenn Sie nicht so atmen, wie Sie es sich wünschen, nehmen Sie Ihr Atmen freundlich an, um keine zusätzliche, unnötige Spannung aufzubauen. Das ist das Fundament Ihrer Haltung dem Leben gegenüber.

Wie war es für Sie, als Sie sich zum ersten Mal auf den Atem konzentrierten?

....

....

....

....

41

Was nehmen Sie wahr,
wenn Sie Ihr Gewahrsein auf den Atem richten?

a. Aufmerksamkeit im Körper verankern

Normalerweise sind wir ziemlich zerstreut. Sorgen und Pläne beziehen uns ungefragt in ihr Drama ein. Solche Gedanken erscheinen uns unbewusst interessanter als unser Atem. Die Praxis besteht darin, stattdessen beim Atem zu bleiben. Wir lernen, den Atem so zu erfahren, wie er sich von Moment zu Moment zeigt. So kultivieren wir ein stetiges Gewahrsein. Der Geist kann ruhig werden.

> **Atempause**
> Innehalten und atmen.
> Wie ist es, die Aufmerksamkeit jetzt
> auf den Atem zu richten?
> Leicht oder schwierig?

b. Gewahr sein ohne zu urteilen

Gewöhnlich haben wir eine Vorstellung davon, wie wir atmen sollten. Wir beobachten unseren Atem und stellen fest, dass wir zum Beispiel „besser", tiefer oder gleichmäßiger atmen könnten. Wenn wir solche Bewertungen bemerken, lassen wir sie los. Wir lassen das Atmen einfach geschehen. Wir kultivieren diese Haltung. Sie inspiriert uns, angemessener auf die Herausforderungen des Alltags zu reagieren.

> **Atempause**
> Innehalten und atmen.
> Wie ist das Atmen jetzt?
> Kann ich freundlich bei meinem Atem bleiben?

c. Aufkommenden Gedanken gewahr sein

Versuchen Sie, drei Minuten lang still zu sitzen und nichts zu tun. Was stellen Sie fest? Es ist unmöglich. Vielleicht geht es Ihnen ja auch so: „Ich denke an nichts. Das mache ich gut." Auch das ist ein Gedanke. Die gute Nachricht lautet: Wir wollen die Gedanken gar nicht loswerden. Das wäre nicht realistisch. Gedanken stellen sich ein. Wir lernen, sie wahrzunehmen und loszulassen. Auf diese Weise haben sie weniger Kontrolle über uns. Die Achtsamkeitspraxis gibt uns die Freiheit, nicht in alte Verhaltensmuster zurückzufallen. So können wir uns neu entscheiden.

Atempause

Innehalten und atmen.

Wie ist es, normal zu atmen?

Kann ich meine Impulse loslassen, etwas anderes zu tun?

d. An die Oberfläche kommende Gedanken wahrnehmen

Gedanken kommen, ob Sie es wollen oder nicht. Das ist das Erste, was uns in der Meditation auffällt. Sie brauchen sie nicht zu verurteilen. Es ist normal, dass sie auftauchen. Wir lernen, sie wahrzunehmen und dann loszulassen. Auf diese Weise lassen sie uns los. Die Praxis freundlichen Gewahrseins gibt uns die Freiheit, nicht länger in unsere alten Reaktionsmuster zu verfallen. Wenn wir einen Gedanken verurteilen, entstehen weitere Gedanken. Wir beobachten sie, ohne sie zu verurteilen. So können wir uns neu entscheiden.

Atempause

Innehalten und atmen.

Nehmen Sie die Gedanken wahr,

die an die Oberfläche kommen.

Kann ich sie freundlich anlächeln?

ES GEHT NICHT OHNE ANSTRENGUNG

Geben Sie nicht auf, wenn Sie sich nach – sagen wir – zwei Meditationssitzungen nicht entspannt fühlen. Es geht nicht ganz ohne Anstrengung. Entspannung ist nicht unser Ziel. Wir versuchen in der Meditation stattdessen, mit Freundlichkeit und Weisheit völlig präsent im gegenwärtigen Augenblick zu sein. Wir entspannen angesichts von Anspannung. So können wir weise und kreative Entscheidungen treffen.

Achtsamkeit ist eine Fähigkeit, die Übung erfordert. Niemand lernt Klavierspielen, indem er ein Buch darüber liest. Daher sollten Sie dieses Buch nicht zu schnell lesen, sondern sich mindestens acht Wochen Zeit nehmen, d. h. eine Woche pro Lektion. Dies ist wichtig, da Sie anwenden sollten, was Sie in der Woche gelernt haben. Nur das macht einen Unterschied. Sie können nicht dasselbe immer wieder tun und ein anderes Ergebnis erwarten.

MEDITATION IST:

Ganz wach sein
Die Daseinsberechtigung meiner Gefühle anerkennen
Mich so annehmen, wie ich bin
Den gegenwärtigen Augenblick nicht länger bekämpfen
Mich freundlich mit dem Hier und Jetzt verbinden
Neue kreative Möglichkeiten entdecken

MISSVERSTÄNDNISSE BEZÜGLICH MEDITATION

Es gibt einige Missverständnisse im Hinblick auf Meditation. Es gibt auch verschiedene Arten der Meditation. In der Achtsamkeitspraxis nutzen wir die Einsichtsmeditation. Sie ist keine Übung, um über all den Problemen zu schweben, die das Leben mit sich bringt. Im Gegenteil. Sie blicken diesen Problemen direkt ins Auge. Sie lernen Ihre Gedanken, Impulse, Wünsche und Gefühle besser kennen.

Darum wird die Achtsamkeitsmeditation auch als *Einsichtsmeditation* bezeichnet. Sie lernen nicht nur sich und die Art kennen, wie Sie dem Leben begegnen, sondern auch Ihre Beziehung zu sich und den Menschen in Ihrem Umfeld sowie zur Welt. Indem Sie Einsicht gewinnen, können Sie bewusste Entscheidungen treffen.

MEDITATION IST NICHT:

Mich vom Leben entfernen

Meine Gefühle unterdrücken

Das Leben fliehen

Schlaf nachholen

Vor sich hin dösen

Über Meditation nachdenken

Wie betäubt sein

Nicht denken

In eine andere Dimension entschweben

Immer glücklich sein

Ein medizinisches Wunder

Ich habe gehört, dass Bauchatmung erforderlich wäre. Stimmt das?

Wenn wir in der Achtsamkeitspraxis die Aufmerksamkeit auf den Atem richten, nehmen wir wahr, wie der Atem jetzt ein- und ausströmt. Wir wollen das Atmen nicht verändern. Wir lassen alle Vorstellungen darüber los, wie wir atmen sollten. Tiefes Atmen oder Bauchatmung ist nicht erforderlich. Der Atem darf so sein, wie er ist. Dies unterstützt uns, auch die Dinge so sein zu lassen, wie sie sind.

Wenn ich bemerke, dass der Atem tief ist, ist er tief. Wenn ich bemerke, dass der Atem flach ist, ist er flach. Wenn ich bemerke, dass der Atem regelmäßig ist, ist er regelmäßig. Wenn ich bemerke, dass der Atem unregelmäßig ist, ist er unregelmäßig.

Natürlich atmen funktioniert bei mir nicht.
Sobald ich den Atem beobachte, ändert er sich.

Wenn Sie bemerken, dass sich Ihr Atem in dem Moment ändert, in dem Sie Ihre Aufmerksamkeit darauf richten, dann nehmen Sie wahr, dass sich Ihr Atem in dem Moment ändert, in dem Sie Ihre Aufmerksamkeit darauf richten. Sie müssen nichts dagegen tun. Nehmen Sie wertende Gedanken wahr und lassen Sie sie freundlich los.

Ich wurde unruhig.

Jeroen fragte, ob es besser für ihn wäre, nach 15 Minuten aufzuhören, weil er nach dieser Zeit unruhig würde. Wenn Sie dann aufhören, geben Sie sich nie die Chance, mit Unruhe zu praktizieren. Bleiben Sie mindestens noch fünf Minuten sitzen bzw. solange, wie Sie es geplant haben. Zuhause sind die Chancen größer, die Meditation abzubrechen. Bekräftigen Sie Ihre Absicht, unabhängig davon, was Sie erfahren, sich selbst besser auf die Schliche zu kommen. Nehmen Sie die Unruhe wahr, ohne sie zu verurteilen, und richten Sie Ihr Gewahrsein dann wieder auf Ihren Atem.

Mir kamen viele Gedanken

Möglicherweise stellen Sie fest, dass Sie sich leicht von allen möglichen Gedanken oder Geräuschen ablenken lassen, selbst wenn Sie nur ein paar Minuten auf den Atem geachtet haben. Das ist okay. Sie erfahren einfach, was Ihr Geist tut. Werten Sie dies nicht als Versagen. Wenn Sie bemerken, dass Ihre Aufmerksamkeit nicht mehr bei Ihrem Atem ist, beglückwünschen Sie sich: Ihnen ist aufgefallen, dass Sie Ihren Gedanken folgen und abgelenkt sind. Nehmen Sie es mit Humor zur Kenntnis. Betrachten Sie die Wahrnehmung eines Gedankens als Einladung, wieder ins Jetzt zurückzukehren.

Ich habe es nicht richtig gemacht!
Mir kamen mindestens 100 Gedanken.

Wenn Sie 100 Mal bemerkt haben, dass Sie denken, sind Sie 100 Mal aus einem unbewussten Prozess aufgewacht. Das ist die Fähigkeit, die wir trainieren wollen, da Depression durch stressbeladene Gedanken entsteht.

Lächeln Sie sich daher zu, sobald Sie bemerken, dass Sie denken. Sobald Ihnen auffällt, dass Sie denken, können Sie die Gedanken loslassen. Richten Sie Ihr Gewahrsein jedes Mal mit einem Lächeln wieder auf den Atem. Dieses innere Lächeln bringt Sie einer nicht wertenden Haltung gegenüber all dem näher, das sich zeigt.

Muss ich den Gedanken einen Namen geben?

Sie können Ihr Gewahrsein steigern, indem Sie beim Einatmen still „einatmen“ und beim Ausatmen „ausatmen“ denken. Dadurch wird es leichter, beim Atem zu bleiben. Ein anderes Mal entscheiden Sie sich vielleicht dafür, den Gedanken keinen Namen zu geben. Finden Sie heraus, was Sie Ihrer Erfahrung näher bringt und was Sie weiter davon entfernt.

Wenn Sie in der Mitte eines arbeitsreichen Tages eine kurze Atempause einlegen, können Sie beim Einatmen „dieser“ und beim Ausatmen „Augenblick“ denken. Eine andere Möglichkeit ist „nur“ „jetzt“.

Ich wurde schläfrig.

Der Geist neigt zum Abdriften, wenn etwas uninteressant erscheint. Die Übung besteht also darin, fokussiert zu bleiben und mehr Energie in das Gewahrsein zu geben. Wir kultivieren ein Interesse für die Einfachheit. Sie können aber auch einfach wahrnehmen, wie sich Schläfrigkeit anfühlt.

Richten Sie Ihre Aufmerksamkeit auf Ihre Körperhaltung. Bekräftigen Sie Ihre Absicht, voll und ganz präsent zu sein, wenn Sie bemerken, dass Ihre Gedanken abdriften. Korrigieren Sie Ihre Körperhaltung. Verurteilen Sie sich nicht, wenn Sie einschlafen. Schlagen Sie einen gemäßigten Kurs ein: Seien Sie freundlich zu sich, aber dennoch entschlossen, ohne Bewertung mit dem zu sein, was ist.

Wird Schlaf zu einem Thema, bietet es sich vielleicht an, die Augen zu öffnen und bewusst tief ein- und auszuatmen. Sie können aber auch einfach aufstehen und die Meditation im Stehen fortsetzen. Wenn Sie zuhause meditieren, wählen Sie einen Zeitpunkt, zu dem Sie normalerweise wach sind.

*Sie können nicht
Klavierspielen lernen,
indem Sie ein Buch darüber lesen.*

*Achtsamkeit ist eine mentale
Fähigkeit, die Übung erfordert.*

Wenn Sie intensiver leben wollen,
gehen Sie nicht zur zweiten Woche über,
sondern praktizieren Sie zunächst das,
was Sie gelernt haben.
Sie haben genug Informationen für diese Woche.

*Nun können Sie
durch direkte Erfahrung lernen.*

3. Tägliche Praxis

Wenn Sie dieses Buch nur lesen, bekommen Sie zwar einen Eindruck davon, wie Ihr Leben auch noch sein könnte. Sie können sich Theorie anlesen, aber dadurch kommen Sie dem Leben nicht näher. Nur durch die Praxis eröffnet sich Ihnen eine neue Dimension des Lebens. Wie können wir also die tägliche Praxis in unser Leben integrieren.

ZEIT ODER PRIORITÄT?

Wenn Sie sagen, dass Sie keine Zeit für die Praxis haben, so haben Sie Recht. Niemand hat Zeit. Zeit ist etwas, das wir machen. Es ist nicht so leicht. Wir sind von einem endlosen Gedankenstrom und von unserem Tun ganz in Beschlag genommen. Wir sind mit den Worten aufgewachsen: „Sitz' nicht herum, sondern tu' etwas." Wir sind „im Tun" statt „im Sein". Unsere innere Aktivität und unsere Konditionierungen halten uns davon ab, das Sein und das Fühlen zu würdigen.

Jeroen berichtet:

Anfangs fiel es mir nicht leicht, mir Zeit zu nehmen. Ich hatte keine Zeit. Ich erkannte schnell, dass es nicht darum ging, „Zeit zu haben" sondern darum, mir „Zeit zu nehmen". Und es gelingt mir, auch wenn es manchmal schwierig ist, weil ich immer Pläne und „To do"-Listen habe.

Indem ich mir jeden Tag bewusst Zeit nehme, kann ich jetzt besser Prioritäten setzen. Es ist ganz allein meine Entscheidung, nicht länger mit der Haltung „ich renne, also bin ich" durchs Leben zu gehen.

Und dennoch ist Letzteres wichtig. Das bewusste Umschalten vom „Denken und Tun" auf „Fühlen und Sein" ist eine bedeutsame Fähigkeit. Sie verhindert, dass Sie durch Stress und Depression in eine Negativspirale geraten.

Tun Sie also nicht irgendetwas, sondern sitzen Sie. Sich Zeit für das eigene Wohlergehen zu nehmen, ist eine positive Affirmation. Wir stellen häufig fest, dass die Prioritäten anders gesetzt werden müssen. Sich Zeit für die Achtsamkeitspraxis zu nehmen kann eventuell auch dazu beitragen, Prioritäten neu zu setzen.

EINE VERPFLICHTUNG

> *Oh, oh, oh, I have so much to do today!*
> *I will have to meditate twice as long this morning!*
>
> *Oh, ich habe heute so viel zu tun!*
> *Deshalb muss ich heute Morgen doppelt so lang meditieren.*
>
> Mahatma Ghandi

* *Wo und wann soll ich praktizieren?* Haben Sie sich darüber Gedanken gemacht? Ein konkreter Vorsatz kann Ihnen helfen, Ihren Plan in die Tat umzusetzen. Viele Menschen praktizieren morgens, weil Ihnen dies hilft, den Tag mit mehr Klarheit zu beginnen. Andere meditieren lieber abends. Wenn Sie bereit sind, sich Zeit zu nehmen, können Sie morgens und abends praktizieren. Sie werden feststellen, dass Sie zwei unterschiedliche Erfahrungen machen. Ein fester Ort und eine feste Zeit erinnern Sie daran, dass Sie eine tägliche Verabredung mit sich selbst haben.

....

....

....

....

....

* ***Welche möglichen Hindernisse können auftreten?*** Die Chance, dass Ihre Familie Sie für eine Stunde von Ihren Haushaltspflichten entbindet, weil Sie an diesem Kurs teilnehmen, ist sehr gering. Eher wird das Gegenteil der Fall sein: Sie werden auf Hindernisse stoßen. Ihr Arbeitsplan, die Menschen um Sie herum und vielleicht am allermeisten Sie selbst werden Sie sabotieren.

....

....

....

....

....

* ***Haben Sie sich Lösungen überlegt?*** Es kann sinnvoll sein, Ihrer Familie mitzuteilen, dass Sie diese Auszeit wirklich brauchen. Eine Teilnehmerin, die gerade Zwillinge geboren hatte, sagte: „Ich habe nur in der Mittagspause Zeit. Ich setze mich zum Praktizieren dann in mein Auto." Dies ist zwar eine radikale Lösung, beweist aber: *„Wo ein Wille ist, ist auch ein Weg."*

....

....

....

....

....

4. Tägliche Übungen

1. **Tägliche Konzentration auf den Atem.** Praktizieren Sie sieben Tage lang zweimal am Tag. Nehmen Sie sich dafür 20 bis 30 Minuten Zeit. Wählen Sie einen festen Ort und eine feste Zeit. Das erleichtert die Praxis. Legen Sie vorher fest, wie lange Sie praktizieren wollen, und halten Sie diese Zeit selbst dann ein, wenn sich Langeweile oder Ungeduld einstellen. Nehmen Sie das, was Sie wahrnehmen, einfach freundlich zur Kenntnis. Ihr Atem ist Ihr Anker.
   * Erwarten Sie nichts Besonderes, lassen Sie Ihre Erwartungen los.
   * Bewerten Sie Ihre Erfahrung nicht. Praktizieren Sie einfach.

BESCHREIBEN SIE IHRE MEDITATIONSERFAHRUNG

....

....

....

....

....

....

2. **Schenken Sie gewöhnlichen Dingen Aufmerksamkeit.** Es geht darum, sich dessen bewusst zu sein, was Sie tun, während Sie es tun. Welchen Dingen werden Sie Aufmerksamkeit schenken? Kochen, putzen, Fahrrad fahren, arbeiten, sprechen…

x	
Kochen	
Putzen	
Fahrrad fahren	
Arbeiten	
Sprechen	
...	

Was haben Sie herausgefunden?

....

....

....

....

....

3. Mini-Übungen

Während dieser acht Wochen bekommen Sie wöchentlich einige Mini-Übungen, die dazu dienen, das bewusste Umschalten von hektischem Tun ins Sein zu trainieren. Im Zustand des Seins sind wir empfänglich für den Wert des Augenblicks. Dieser Zustand hilft uns, unnötigen Stress zu vermeiden und den Alltag voll und ganz zu leben.

WÄHLEN SIE EINE DER FOLGENDEN ÜBUNGEN
FÜR DIESE WOCHE

Richten Sie Ihr Gewahrsein vor dem Zubettgehen 2 Minuten lang auf den Atem.

Richten Sie Ihr Gewahrsein jede Stunde 1 Minute lang auf den Atem.

Legen Sie hin und wieder Ihre Hand auf den Bauch
und lassen Sie sich auf seine Bewegungen ein.

WELCHE ERFAHRUNGEN HABEN SIE
MIT DIESER ÜBUNG GEMACHT?

....

....

....

....

....

....

....

....

....

....

....

4. Reflexion

Wo bin ich im Leben nicht präsent?

....

....

....

....

Was braucht es, damit ich dem Leben ungeteilte Aufmerksamkeit schenken kann?

....

....

....

....

Willkommen zu Woche 2

Dem Körper und dem Angenehmen Aufmerksamkeit schenken

Würdigung des JETZT

1. Im Körper ankommen

Sie haben jetzt eine Woche lang geübt, die Achtsamkeit auf den Atem zu richten, Ihre Aufmerksamkeit zu stabilisieren und Ihren Erfahrungen mit einer gewissen Freundlichkeit zu begegnen. Darüber hinaus haben Sie gelernt, den kleinen Dingen des Lebens wie dem Duschen konzentrierte Aufmerksamkeit zu schenken.

Manchmal empfinden wir diese Übungen als sehr wohltuend. Einigen Menschen fallen sie schwer und sie fühlen sich unwohl. In der Vergangenheit haben Sie sich mit allem Möglichen von Ihrem wahren Selbst abgelenkt: Fernsehen, Süßigkeiten, Alkohol usw. Bei einer Sitzmeditation wird von Ihnen verlangt, stillzusitzen und bei Ihrer Erfahrung zu bleiben. Das kann schwierig sein.

Sie wurden darüber hinaus aufgefordert, das Denken loszulassen und sich mit Ihren Gefühlen zu verbinden. Auch dies kann bedrohlich wirken. Gewöhnlich fühlt es sich sicherer an, über das Leben nachzudenken, statt es zu erfahren. Und es ist so: Ich spüre Schmerz, wenn ich mich meinen Gefühlen öffne.

Wir alle erleben Schmerz, Frustration und Kummer. Diese unangenehmen Emotionen sind direkt im Körper spürbar. Wir ziehen unsere Aufmerksamkeit von ihm ab, um diese unangenehmen Gefühle nicht spüren zu müssen. Dadurch verlieren wir den Kontakt zu unserem Körper – wir entfremden uns sozusagen von ihm.

> *Es ist der Körper, der uns*
> *das Leben voll und ganz erfahren lässt.*
> *Der Körper ist ein Tor zum Hier und Jetzt.*

Die Kirche sagt:
Der Körper ist eine Sünde
Die Wissenschaft sagt:
Der Körper ist eine Maschine
Die Werbung sagt:
Der Körper ist eine Ware
Der Körper sagt:
Ich bin ein Fest

Galeano

Immer wieder verurteilen wir unseren Körper: zu dünn, zu dick, zu müde, zu faul. Außerdem soll unser Körper den Idealen entsprechen, die uns von den Medien vorgegeben werden: schlanke Frauen, athletische Männer (falls Sie an Venus und Mars glauben). Verzweifelt versuchen wir, mit Diäten und Pillen diese Ideale zu erreichen. Oder wir sind frustriert und versuchen, den Frust mit Essen zu betäuben. Wenn Sie sich in Ihrem Körper häufig nicht wohl fühlen, neigen Sie auch dazu, ihn als Ihren Feind zu betrachten. Ihr Körper schmerzt und scheint Sie am Leben zu hindern.

So kann unser Körper zu einer Quelle des Leidens werden. Unser Körper kann aber auch ein Tor zur Erfahrung von innerem Frieden und Ruhe sein. Dieser Friede tritt aber nur ein, wenn auch die Ruhelosigkeit da sein darf. Das Ziel ist jedoch nicht Ruhelosigkeit, sondern Freiheit: die Möglichkeit, mit einer Erfahrung, wie unangenehm sie auch sein mag, im Frieden zu sein. Es erfordert Übung und ein Gewahrsein, das nicht reagiert und nicht wertet. Die Grundübung dafür ist der Body Scan, bei dem wir mit unserer Wahrnehmung durch den Körper wandern. Dies kann uns helfen, wieder in unserem Körper zuhause zu sein.

Die Haltung

Beim Body Scan wollen wir keinen bestimmten Zustand erreichen und nicht einmal entspannen. Schauen Sie, ob Sie die Neigung, Dinge ändern zu wollen, loslassen können. Und den Wunsch, auf eine bestimmte Weise zu fühlen, bzw. die Erwartung des „Wie du fühlen solltest" und die Ansicht, dass die Wirklichkeit diese Erwartung nicht erfüllt. Schauen Sie, ob Sie all dies loslassen und Ihr Gewahrsein stattdessen auf das richten können, was Sie jetzt fühlen und was bereits da ist. Es ist sowieso da. Und nicht vergessen: Es gibt keine „richtigen" Gefühle. Das, was Sie fühlen, ist das, was Sie jetzt fühlen. Wenn Sie die Gefühle verurteilen, erzeugen Sie nur noch mehr Anspannung.

Wir versuchen allzu schnell, angenehme Erfahrungen festzuhalten und unangenehme Erfahrungen zu vermeiden oder zu verurteilen. Bei neutralen Erfahrungen neigt der Geist dazu, zu dissoziieren, also an etwas anderes zu denken oder sich in einem verschwommenen, traumähnlichen Zustand zu verlieren. Während des Body Scans lernen Sie, mit drei konditionierten Reaktionen umzugehen: Anhaftung, Abneigung und Täuschung. Diese drei subtilen Gewohnheiten des Geistes sind die Quelle von Stress und Leiden. Diese Reaktionen zu erkennen und loszulassen ist eine Voraussetzung für das Erleben des Reichtums im Hier und Jetzt.

Der Body Scan

Sie können jetzt mit der Übung fortfahren. Und denken Sie daran, dass Sie nur durch das Üben einen wirklichen Unterschied erfahren.

Sich Zeit nehmen

Der Body Scan als Teil des 8-Wochen-Programms dauert 40 Minuten. In unserem hektischen Alltag kann dies als Hindernis erlebt werden. Wir meinen oft, alles Mögliche erledigen zu müssen, bevor wir uns dafür Zeit nehmen können. Daher ist es so wichtig, sich bewusst Zeit zu nehmen. Wir müssen uns bewusst entschleunigen. Damit bekräftigen wir unsere Absicht, für unsere Gesundheit und unser Wohlbefinden zu sorgen.

Die Körperhaltung

Sie sollten möglichst auf dem Rücken liegen, die Arme mit den Handflächen nach oben neben sich und die Füße schulterbreit auseinander. Wenn es für Sie bequemer ist, können Sie sich auch ein Kissen unter die Knie und den Kopf legen.
Wenn Sie schläfrig werden, können Sie die Augen öffnen oder sich aufrecht hinsetzen. Wenn Sie Schmerzen im unteren Rückenbereich spüren, können Sie die Knie anwinkeln. Die Körperhaltung ist weniger wichtig als die geistige Haltung während der Übung: Offenheit und Freundlichkeit gegenüber sich selbst und dem, was sich zeigt.

Der Ort

Wählen Sie einen Ort, an dem Sie nicht gestört werden können. Ziehen Sie den Stecker Ihres Telefons heraus und informieren Sie eventuell die Menschen in Ihrem Umfeld. Diese Zeit gehört Ihnen! Vielleicht können Sie sich auf Ihr Bett legen und mit einer Decke zudecken, damit Sie nicht frieren.

Anleitung zum Body Scan

* Legen Sie sich auf den Rücken, wobei beide Arme neben Ihrem Körper liegen. Richten Sie Ihr Gewahrsein zunächst auf das Liegen an sich: die Stellen, an denen Ihr Körper die Unterlage berührt. Ankern Sie Ihre Aufmerksamkeit hier.

* Richten Sie dann Ihr Gewahrsein auf das Atmen in den Bauch. Schenken Sie dem Heben und Senken Ihrer Bauchdecke beim Ein- und Ausatmen Ihre volle Aufmerksamkeit. Sie müssen Ihr Atmen nicht verändern. Lassen Sie den Atem einfach geschehen. Wenn Sie feststellen, dass Sie abgelenkt sind, lenken Sie Ihr Gewahrsein einfach wieder auf den Atem.

* Wenn Sie bereit sind, richten Sie Ihr Gewahrsein auf Ihren linken Fuß, atmen in ihn hinein und nehmen von Moment zu Moment wahr, welche Empfindungen sich ändern und welche gleich bleiben. Wenn Sie bemerken, dass Sie ein Bild von Ihrem Fuß entwickeln, lassen Sie das Bild los und konzentrieren sich wieder auf das Gefühl.

* Wandern Sie auf diese Weise durch Ihren Körper, wobei Sie 1 bis 2 Minuten bei jedem Körperteil bleiben. Lassen Sie Ihren Atem durch jedes Körperteil fließen – sanft und offen für das, was Sie fühlen: linker Unterschenkel, linkes Knie, linker Oberschenkel, rechter Fuß, rechter Unterschenkel, rechtes Knie, rechter Oberschenkel, Gesäß, Becken, Bauch, unterer Rücken, Brust, oberer Rücken, gesamter Rumpf, dann beide Hände, Unterarme, Ellbogen und Oberarme, Schultern, Hals und Nacken, Kiefer, das ganze Gesicht und zum Schluss den ganzen Körper.

* Schenken Sie Ihrem Gesicht besondere Aufmerksamkeit. Unser Planen und Denken hinterlässt oft Anspannung im Gesicht. Schauen Sie, ob Sie Ihrem Gesicht erlauben können, so zu sein, wie es ist. Sie müssen nichts verteidigen. Sie müssen nichts und niemand Besonderes sein. Nur Ihr Gesicht, ruhig und neutral, entspannt und im Frieden.

Wie haben Sie ihren ersten Body Scan erlebt?

....

....

....

....

....

....

Das ist beim Body Scan zu beachten

1. *Mit der Aufmerksamkeit beim Körper bleiben*
   Normalerweise ist unsere Aufmerksamkeit völlig von unseren Gedanken in Anspruch genommen. Wir denken darüber nach, wie etwas hätte sein müssen oder in Zukunft sein sollte. Zu Beginn ist es alles andere als leicht, mit der Aufmerksamkeit beim Körper zu bleiben. Unser Geist hat eine große Macht. Sie werden feststellen, dass Sie immer wieder von Ihren Gedanken abgelenkt werden. Sobald es uns gelingt, unsere Aufmerksamkeit auf den Körper zu fokussieren, können uns grüblerische und wertende Gedanken nichts mehr anhaben. Der Körper gibt uns die Möglichkeit, inmitten unseres hektischen Lebens Stabilität und Frieden zu erfahren.

2. *Urteilsfrei präsent sein für das, was wir spüren*

Wir alle haben Vorstellungen davon, wie wir fühlen sollten. Wir wollen uns gut fühlen. Und dann wird uns bewusst, dass wir nicht so fühlen, wie wir fühlen möchten. Das erzeugt Frustration. Die Kunst besteht darin, sich zu erlauben, das zu fühlen, was Sie fühlen – ohne zu werten und ohne zu reagieren. Das bedeutet, dass das, was sich zeigt, da sein darf, und wir das, was abgeschlossen ist, loslassen. Wir geben dem Raum, was ist, statt uns in der Anhaftung an das zu verlieren, was sein sollte.

3. *Den Augenblick von Moment zu Moment*
   mit nicht wertender Achtsamkeit erleben

Wir kultivieren eine nicht wertende Achtsamkeit, mit der wir jeden Augenblick – von Moment zu Moment - erleben. Wir beobachten neugierig, was wir fühlen – ohne ein Ziel zu verfolgen. Wir nehmen wahr, was sich ändert und was nicht. Die Aufgabe lautet: „Das, was sich ändert, loslassen und das, was bleibt, zulassen." Wir erlauben dem Prozess der Entspannung, seinem eigenen Tempo zu folgen. Und wir erkunden, was durch diese besondere Form des Gewahrseins entsteht.

Wenn Sie bemerken, dass Sie beginnen, über einen bestimmten Körperteil nachzudenken oder diesen zu bewerten, lassen Sie diese Gedanken einfach los und konzentrieren sich wieder auf das, was Sie spüren. Es geht darum, Ihrer Erfahrung zu erlauben, einfach da zu sein. Kampf, Bewertung und Widerstand verstärken die Anspannung. Wir kommen stärker in Kontakt mit dem, was wir spüren, und atmen freundlich dorthin, wo wir eine Anspannung wahrnehmen, ohne sie „wegatmen" zu wollen.

Atempause
Innehalten und sich auf eine angespannte Stelle konzentrieren.
Wo bemerke ich eine Veränderung?
Oder verändert sich nichts?

Wir können lernen, ununterbrochen
für alle Gefühle präsent zu sein,
seien sie nun angenehm, unangenehm oder neutral.

Folgende Erfahrungen sind möglich

Sie werden unruhig
Der Body Scan dauert 40 Minuten. Wir sind es nicht gewohnt, so lange nichts zu tun und dennoch wach und aufmerksam zu bleiben. Daher ist es nicht ungewöhnlich, wenn sich Unruhe einstellt. Sie werden durch Gedanken abgelenkt werden. Sie werden Pläne machen und aufstehen wollen, um etwas zu tun. Sie werden sich sagen, dass es sinnvoller ist, etwas anderes zu machen.

Falls Sie den Body Scan abbrechen wollen, weil Sie unruhig werden, versuchen Sie, mindestens 5 Minuten lang weiterzumachen, während Sie die Unruhe wahrnehmen. Schließlich wollen wir mit dem vertraut werden, was wir in unserem Körper spüren. Dadurch sind wir nicht länger die Auswirkung unserer Emotionen, und Stabilität kann sich trotz Unruhe einstellen.

Bleiben Sie möglichst bis zum Ende des Body Scans bei der Unruhe. Sie machen nichts falsch, auch wenn Sie Unruhe oder Ungeduld verspüren. Wenn Gereiztheit oder Langeweile entstehen, versuchen Sie, dies so freundlich wie möglich wahrzunehmen, und richten Sie dann die Aufmerksamkeit wieder auf Ihren Körper. Vertrauen Sie dem Prozess und machen Sie einfach die Übung. Nach einer Weile werden Sie sie zu schätzen wissen.

Sie schlafen ein

Es gibt Menschen, denen genau das Gegenteil passiert: Sie schlafen ein. Beim Body Scan liegen Sie und das ist eine Einladung zum Schlafen. Schlaf ist wundervoll, doch er ist nicht Sinn dieser Übung. Wir wollen vielmehr *erwachen*. Das bedeutet, dass wir die einzelnen Körperteile mit voller Bewusstheit *erleben*.

Selbst wenn Sie beabsichtigen, wach zu bleiben, stellen Sie vielleicht manchmal fest, dass Sie einen Teil der Anleitung nicht mitbekommen haben. Sie waren mit Ihrer Aufmerksamkeit beim linken Knie und plötzlich hören Sie Anweisungen zum rechten Oberschenkel. Sie waren eine Weile „weg", durch einen Tagtraum oder eine Fantasie abgelenkt, oder Sie sind eingeschlafen. Verurteilen Sie solche Erfahrungen nicht. Sie haben es „jetzt" bemerkt und können dem „Jetzt" Aufmerksamkeit schenken. Bewertungen richten sich auf etwas, das vergangen ist. Für das „Jetzt" sind sie unerheblich. Im „Jetzt" sind Sie aus einem unbewussten Prozess erwacht. Das ist etwas sehr Besonderes. Nehmen Sie also den Faden wieder auf und folgen Sie den Anweisungen, so gut es Ihnen gelingt.

Sie haben unangenehme Empfindungen

Wir alle haben Vorstellungen davon, wie wir fühlen sollten. Unsere Gefühle entsprechen jedoch oft nicht diesen Vorstellungen. Es folgen Bewertungen wie: „Ich sollte so nicht fühlen". Dieser Widerstand und diese Bewertungen unserer Gefühle verstärken jedoch unsere Gefühle oder lassen uns wütend werden. Wenn Sie also ein Jucken, Kribbeln oder eine sonstige Empfindung verspüren, versuchen Sie, bei der Empfindung zu bleiben, ohne darauf zu reagieren, ohne sie zu bewerten und ohne zu versuchen, einen Unterschied zu machen. Dies wird anfangs nicht leicht sein. Seien Sie gnädig zu sich und geben Sie dem Prozess Zeit.

Sie spüren nichts

Wenn Sie in einem bestimmten Körperteil nichts spüren, nehmen Sie dies als „ich spüre nichts" wahr. Es ist völlig normal, zu Beginn vielleicht nichts zu spüren. Mit zunehmender Praxis werden Ihr Gewahrsein und damit Ihre Wahrnehmung intensiver.

Ein Teilnehmer berichtet:

Die ersten 10 Tage waren wirklich hart. Meine Gedanken waren sehr zudringlich und ich habe an alles Mögliche gedacht. Ich wurde unruhig oder ich schlief ein und wachte erst viele Körperteile später wieder auf. Das war am Anfang ziemlich frustrierend. Ich fragte mich, ob ich alles richtig mache. Dann gab ich mir noch mehr Mühe, es gut zu machen, und schlief trotzdem immer wieder ein oder wurde kribbelig.

Die Vorstellung, einfach anzunehmen, was sich zeigt, erschien mir zunächst ziemlich lächerlich. Dann erkannte ich, dass ich nur noch kribbeliger wurde, wenn ich meine Unruhe nicht akzeptierte. Schließlich schloss ich mit meinen wechselnden Gefühlen Frieden und konnte mich entspannen. Auch die wertenden Gedanken ließen nach.

Schließlich kam ich mit der Übung mehr ins Fließen und begann sogar, Atemfokussierung und Body Scan als wertvolle Übungen zu betrachten. In einem besonderen Moment konnte ich sogar spüren, wie der Atem bis hinunter in meine Füße floss. Manchmal fühlte ich nichts. Doch dann dachte ich, dass ich, wenn ich nichts spürte, auch dies annehmen könnte.

Es gibt immer noch Augenblicke, in denen ich bei der Übung meinen Widerstand spüre oder eher abwesend als präsent bin. Doch auch dies kann ich nun annehmen, weil es einfach dazugehört. Nach kurzer Zeit bemerkte ich, dass es allein schon heilsam war, wenn ich bei meinen Erfahrungen blieb. Nach einer Weile freute ich mich darauf. Auch wenn ich nicht dreimal am Tag praktiziere, so stellt die regelmäßige Praxis dennoch eine zusätzliche Ressource dar. Ich stelle immer wieder fest, wie wertvoll es ist, wenn ich mir Zeit nehme, um ohne irgendwelche Verpflichtungen im gegenwärtigen Augenblick zu sein.

Das Leben entfaltet sich nur
im Hier und Jetzt.
Sie sind entweder empfänglich
für den kostbaren
gegenwärtigen Augenblick oder
Sie sind es nicht.
Es bedarf nur der Achtsamkeit.
So einfach ist das.

2. Entschleunigen

EINFACH SITZEN UND DA SEIN

Niemand sein zu müssen
Nirgendwo hingehen zu müssen

In Woche 1 haben wir bereits festgestellt, dass wir eine Menge verpassen, weil wir so mit unserem Denken und Tun beschäftigt sind. Wir konzentrieren uns völlig darauf, mehr zu tun, etwas besser zu machen, etwas Gestalt zu verleihen usw. Dadurch geraten wir oft in einen unentrinnbaren Strudel. Wir schalten den Autopiloten ein und hasten durchs Leben. Wie viel Weichheit bleibt da noch?

Können Sie voll und ganz hier sein und nichts tun? Wenn wir hier sind, tun wir meistens etwas. Wenn wir nichts tun, verlieren wir uns in Tagträumen. Die folgende Übung hilft uns, aus dem „Tun" auszusteigen und stattdessen „wach und präsent" zu sein. Dies wird zu Beginn nicht leicht sein. Wenn wir hier sind, tun wir gewöhnlich etwas, und wenn wir nichts tun, wandert unser Geist umher. Geben Sie Impulsen, etwas zu tun, nicht nach. Versuchen Sie, sie zu genießen, und lassen Sie den Funktionsaspekt der Übung los. Öffnen Sie sich für das, was kommt, und schenken Sie dem Ihre volle Aufmerksamkeit.

Wichtig ist, dass Sie bei Ihrer Absicht bleiben, jeden Moment voll und ganz präsent zu sein und nicht abzudriften. Diese wache Präsenz in jedem Augenblick wird „Achtsamkeit" genannt.

Setzen Sie sich auf einen Stuhl. Lassen Sie die Vorstellung los, dass Sie etwas Bestimmtes tun. Ihre Augen sind offen und entspannt. Sie sind empfänglich für das, was sich hier und jetzt zeigt. Sie machen nichts damit. Sie denken nicht darüber nach. Sie erfahren es einfach voll und ganz.

Wenn Sie etwas hören, hören Sie es voll und ganz.
Wenn Sie etwas sehen, sehen Sie es voll und ganz.
Wenn Sie etwas fühlen, fühlen Sie es voll und ganz.
Wenn Sie etwas riechen, riechen Sie es voll und ganz.

Die Berghaltung

Zentriert stehen

Können Sie mühelos irgendwo stehen, ohne irgendwohin gehen zu müssen? Wir richten unsere Aufmerksamkeit jetzt auf den aufrecht stehenden Körper. Dazu stellen wir uns mit den Füßen schulterbreit hin und richten den Körper so auf, dass wir eine würdevolle Haltung einnehmen. Lassen Sie die Arme an beiden Seiten locker herabhängen. Halten Sie Ihr Kinn parallel zum Boden und richten Sie Ihren Blick entspannt auf einen Punkt vor Ihren Füßen.

Das Gewicht des Körpers ist gleichmäßig auf die drei Stellen verteilt, mit denen beide Füße jeweils den Boden berühren, um das Gleichgewicht zu halten: den Ballen hinter dem großen Zeh, den Ballen hinter dem kleinen Zeh und die Ferse. Nehmen Sie den Kontakt Ihrer Füße mit dem Boden wahr. Wippen Sie ein paar Mal vor und zurück, um zu erfahren, dass der Boden unter Ihren Füßen stabil und fest ist. Nehmen Sie wahr, wie geschmeidig Ihr aufrecht stehender Körper ist.

Stehen Sie jetzt wieder still und nehmen Sie den Atem und Ihren ganzen Körper wahr. Folgen Sie dem Atem beim nächsten Einatmen bis tief in Ihren Bauchraum, das Zentrum Ihres Körpers. Bleiben Sie mit Ihrer Aufmerksamkeit dort und nehmen Sie die Empfindungen beim Ein- und Ausatmen wahr.

Nehmen Sie die Haltung eines Berges ein, der fest in der Erde gründet und mit seinem Gipfel dem Himmel entgegenstrebt. Kommen Sie in dieser Haltung in Ihrem Körper an.

Wenn Sie die Augen geschlossen hatten, öffnen Sie sie nun wieder und lassen Sie sich ganz auf das „Jetzt" ein. Nehmen Sie sich Zeit dafür.

Drei Minuten Stehmeditation

Können Sie die Haltung eines Berges einnehmen –
unberührt durch das, was kommt und geht?

Nehmen Sie sich drei Minuten Zeit, um Ihre Aufmerksamkeit auf das Stehen zu konzentrieren. Spüren Sie jeden einzelnen Körperteil: Kopf, Hals, Brust, Schultern und oberer Rücken, Arme, Hüften, Oberschenkel, Waden und Füße. Atmen Sie dreimal in jeden Bereich. Praktizieren Sie dies sieben Tage lang täglich.

Gehmeditation

Gehen, ohne sich selbst zu übergehen

Wie oft gehen Sie über Ihre Grenzen? Wenn Sie ständig Ziele verfolgen, verpassen Sie den gegenwärtigen Augenblick. Bei dieser Meditation geht es darum, bei jedem Schritt voll und ganz präsent zu sein. Nehmen Sie die Berghaltung ein. Sobald Sie zentriert sind, richten Sie Ihr Gewahrsein auf Ihre Füße. Verlagern Sie das Gewicht langsam erst auf den linken und dann auf den rechten Fuß. Wiederholen Sie diese Bewegung und heben Sie dabei Ihre Ferse an. Schenken Sie den sich ändernden Empfindungen in Ihren Füßen Ihre ungeteilte Aufmerksamkeit.

Halten Sie inne und bereiten Sie sich auf das Gehen vor. Heben Sie langsam Ihre Ferse an, dann Ihre Zehen und machen Sie einen kleinen Schritt vorwärts. Nehmen Sie wahr, wie Sie Ihren Fuß aufsetzen. Verlagern Sie Ihr Gewicht auf diesen Fuß und spüren Sie, wie sich die Ferse des anderen Fußes hebt und sich das Bein nach vorn schiebt, wenn Sie den nächsten Schritt machen. Gehen Sie achtsam weiter. Kehren Sie zu den Empfindungen in den Füßen zurück, wann immer Sie feststellen, dass Ihre Aufmerksamkeit abgelenkt ist.

Lassen Sie Ihre Achtsamkeit sich in das Bein und sogar in den ganzen Körper ausdehnen. Nehmen Sie den Raum um sich wahr, ohne sich darin zu verlieren. Konzentrieren Sie sich darauf, in nicht wertender Achtsamkeit von Moment zu Moment zu gehen.

Drei Minuten Gehmeditation

Das Wunder ist nicht, dass wir auf dem Mond gehen können,
sondern, dass wir auf dieser Erde gehen können.

Thich Nhat Hanh

Nehmen Sie sich in dieser Woche mindestens drei Minuten für eine
Gehmeditation Zeit. Wählen Sie dazu einen Ort, an dem Sie vor sich
ein paar Meter Platz haben. Gehen Sie achtsam dreimal hin und her.
Wenn Sie dies eine Woche lang gemacht haben, entdecken Sie vielleicht den Wert der täglichen Praxis.

Achtsamkeit schenkt
den Blumen Farbe,
dem gemähten Gras Duft,
den Vögeln Gesang
und dem Wein Geschmack.

3. Achtsamkeit für das Leben

Das ist es!

In der letzten Woche haben wir alltäglichen Tätigkeiten Aufmerksamkeit geschenkt. In dieser Woche wenden wir uns insbesondere den angenehmen Erfahrungen zu. Der Atem wird uns dabei unterstützen. Wir gewähren dem Augenblick mehr Raum. Wenn wir völlig von unseren Gedanken in Beschlag genommen werden, ist es schwierig, hier und jetzt die Schönheit des Lebens zu erfahren.

> *Es erfordert Achtsamkeit, zu leben und Erfahrungen zu machen. Wenn wir eine Atempause einlegen, erweitern wir den Raum und können die angenehmen Dinge des Lebens bewusster wahrnehmen. Wir halten inne, atmen und sind achtsam. Dies bezeichnen wir als SAM.[2]*

Viele kleine Dinge im Leben schenken uns ein angenehmes Gefühl. Denken Sie an ein weiches Kissen, die Farben eines wundervollen Sonnenuntergangs, den Duft einer Blume und den Gesang eines Vogels. Es muss nichts Großartiges sein. Die Wärme der Sonne auf Ihrer Haut oder warmes Wasser, das über Ihre kalten Hände läuft, genügt. Kleine Dinge können einen großen Unterschied machen.

> *Sehen Sie sich um und hören und fühlen Sie. Was ist angenehm? Ein Lächeln, Ihr Atem, die Berührung durch Ihre Kleidung? Nehmen Sie das angenehme Gefühl in sich auf. Nehmen Sie sich Zeit, um die Erfahrung ganz bei Ihnen ankommen zu lassen.*

---

2   Anm. d. Übers.: SAM ist die Abkürzung für „stopping and attending the moment", was übersetzt „innehalten und im Moment sein" bedeutet.

*Sie können nicht
ständig dasselbe tun...*

*... und erwarten,
dass etwas anderes geschieht.*

SAM
Innehalten und
im Moment sein

In dieser Woche nehmen wir wahr, was geschieht, wenn sich angenehme Empfindungen zeigen. Wir schreiben auf, wie wir sie erleben, und wir erforschen unsere Beziehung zu ihnen. Dies kann von Mensch zu Mensch sehr verschieden sein. Wenn wir etwas als angenehm empfinden, reagieren wir in bestimmter Weise darauf. Durch unsere Erziehung, unsere Werte, unsere Wünsche und unsere Ängste sind wir darauf konditioniert. Diese Reaktion würdigt die angenehme Empfindung nicht, sondern sabotiert sie sogar.

Ist Ihnen jemals aufgefallen, wie schwierig es ist, das Leben zu genießen, wenn Sie den Autopiloten eingeschaltet haben? Sie können nicht im Hier sein und etwas würdigen, wenn Sie mit Ihren Gedanken woanders sind. Präsenz verlangt, vom „Tun" ins „Sein" umzuschalten und zu entschleunigen. Diese Fähigkeit wird durch Praxis erlernt. Sie ist wichtig, um mit Stress, Schmerzen, Ängsten und Depression umgehen zu können.

Erforschen Sie mindestens vier Erfahrungen und nehmen Sie sich genügend Zeit, um Ihre Empfindungen in Worte zu fassen – auch wenn dies anfangs schwierig ist. Die Suche nach den richtigen Worten verbindet Sie tiefer mit der Erfahrung, die sich von Moment zu Moment entfaltet. Gleichzeitig stellen wir fest, welche Muster unser Leben bestimmen und schöne, intensive Erfahrungen verhindern.

Verurteilen Sie sich nicht für das, was Sie in dieser Woche entdecken. Wir alle haben Muster, mit denen wir unser Glück sabotieren. Die Achtsamkeitspraxis besteht darin, klar zu sehen, was ist, ohne es zu bewerten. Sie bringt Klarheit und Entscheidungsfreiheit und erlaubt uns, uns aus den Fängen unserer gewohnten Muster zu befreien. Mithilfe der Tabelle auf der folgenden Seite werden wir die angenehmen Empfindungen intensiver kennen lernen.

Welchen angenehmen Moment haben Sie vor kurzem erlebt?

Welche Emotion, welches Gefühl war damit verbunden?

Wie fühlte sich das im Körper an?

Welche Gedanken waren damit verbunden?

War ich achtsam oder nicht?

Habe ich mich im Augenblick der angenehmen Empfindung zurückgehalten? Wie?

Welchen angenehmen Moment haben Sie vor kurzem erlebt?	Welche Emotion, welches Gefühl war damit verbunden?
Wie fühlte sich das im Körper an?	Welche Gedanken waren damit verbunden?
War ich achtsam oder nicht?	Habe ich mich im Augenblick der angenehmen Empfindung zurückgehalten? Wie?

Wenn Sie sich dem Leben öffnen,
können Sie entdecken,
wie viele Kleinigkeiten es gibt,
die sich zu würdigen lohnen.
Dazu braucht es nichts weiter als
***Entschleunigung** und Achtsamkeit.*

WIE PRÄSENT SIND SIE?

Wo immer Sie sind,
Sie können nicht rundum glücklich sein,
solange Sie auch noch etwas anderes wollen.

Wenn wir den angenehmen Dingen Aufmerksamkeit schenken, stellen wir sehr schnell fest, wie kurz wir bei angenehmen Empfindungen bleiben. Wir erkennen das Angenehme oder Schöne oft nicht, weil wir so sehr mit Denken und Tun beschäftigt sind.

Die Tabelle kann hilfreich sein, wenn Sie sich Zeit für die schönen Dinge des Lebens nehmen möchten. Das ist nicht immer leicht. Die meisten von uns sind mit den Worten groß geworden: „Sitz' nicht herum, sondern tu' etwas". Wir sind darauf konditioniert, unser Vergnügen verdienen zu müssen. Erst kommt die Arbeit und dann der Lohn. Wenn wir etwas trotzdem genießen, fühlen wir uns häufig schuldig, sodass wir uns wieder an die Arbeit machen. Das geschieht oft völlig unbewusst.

Stellen Sie sich folgende Fragen:
* Wie lange kann ich etwas genießen, bevor ich mich wieder an die Arbeit mache?
* Unterdrücke ich angenehme Empfindungen aus Angst oder Schuldgefühlen?

Manchmal hindert uns die Angst daran, intensiv Freude zu empfinden. Ich ließ Menschen voreinander sitzen und Grimassen schneiden. Für Kinder ist es nicht schwierig, sich wie ein Clown zu geben. Erwachsene spüren dabei jedoch jede Menge Widerstand. Wir trauen uns nicht, spielerisch zu sein und unserer Freude Ausdruck zu verleihen – aus Angst vor dem, was die anderen von uns denken könnten. Wir glauben, dies sei unserem Status oder unserem Alter nicht angemessen. Oder wir denken, dass man so etwas nicht tut.

Frederick saß am Tisch. Plötzlich spürte er eine unbändige Freude und begann, laut zu lachen. Dann dachte er: „Was sollen die Leute denken?" Sofort war die Freude im Keim erstickt. Für ihn war es eine Offenbarung zu erkennen, wie er seine Freude unterdrückte. Diese Erkenntnis schenkte ihm größere Freiheit.

Stellen Sie sich folgende Frage:
* *Lasse ich es zu, Freude voll und ganz zu erleben?*

Und jetzt

...das Buch schließen, die Sinne öffnen...

...Zeit, zu entspannen und einfach nur zu sein...

...achtsam im Hier und Jetzt...

...es gibt nichts zu tun...

...offen und präsent für das Leben...

...hier und jetzt...

Kann ich es zulassen,
Freude voll und ganz zu erleben?

...ohne an später zu denken...

...ohne mich schuldig zu fühlen...

...ohne sie festhalten zu wollen...

...ohne mich in Frage zu stellen...

...ohne Angst oder Sorgen...

...nur dieser Moment...

...nur diese Erfahrung...

Welche Schokolade interessiert Sie am meisten,
die in Ihrem Mund oder die in der Packung?

Was glauben Sie, wo mein zweijähriger Sohn mit seiner Aufmerksamkeit ist, wenn er ein Stück Schokolade isst? Bei der Schokolade in seinem Mund oder bei der Schokolade in der Packung? Und das gilt nicht nur für meinen Sohn. Alles, was wir uns wünschen, ist hier – wie die Schokolade im Mund. Und doch richten wir unsere Aufmerksamkeit mehr auf das nächste Stück Schokolade.

Wir richten unsere Aufmerksamkeit auf das, was nicht ist.
Was geschieht mit der Erfahrung, ein Stück Schokolade zu essen, wenn wir an die Schokolade im Kühlschrank denken? Ein Großteil der Geschmacksintensität geht verloren. Unsere Angst, das nicht mehr zu haben, was wir jetzt haben, schmälert die Qualität unserer Erfahrung im Jetzt. Allein der Versuch, die angenehme Erfahrung festzuhalten, lässt sie verschwinden.

Oder die Erkenntnis, dass wir etwas nicht festhalten können, erfüllt uns mit Bedauern und Angst.

Stellen Sie sich folgende Fragen:
* *Was würde es bedeuten, wenn ich der Erfahrung mehr Aufmerksamkeit schenke, während ich sie mache?*

* *Kann ich diesem Moment vertrauen?*

Der Duft einer Blume
Die Weite eines Tals
Die Weichheit des Wassers
Die Schönheit eines Sonnenuntergangs
Die Unendlichkeit des blauen Himmels
Die Schwingungen des Verliebtseins
Der Segen der Dankbarkeit

Kann ich diesen Moment in mich aufnehmen
und die Erfahrung in aller Klarheit genießen?

4. Tägliche Übungen

1. Body Scan

Nehmen Sie sich Zeit für einen täglichen Body Scan. Wählen Sie dafür einen bequemen und ruhigen Ort und jeden Tag ungefähr die gleiche Uhrzeit. Für diese Übung kann eine CD benutzt werden.

Beschreiben Sie Ihre Meditationserfahrung

....

....

....

....

....

2. Kurze Atempause

Wann immer Sie die Gelegenheit haben, beobachten Sie Ihren Atem zweimal täglich 5 bis 10 Minuten lang. Sie können auch für eine Gelegenheit sorgen.

Was haben Sie herausgefunden?

....

....

....

....

....

3. Mini-Übungen für diese Woche

In dieser Woche können Sie kurze Übungen einbauen, die Ihnen helfen, vom Tun ins Sein umzuschalten. Durch diese Fähigkeit verhindern Sie, dass sich unnötiger Stress im Körper aufbaut, der sich dann wiederum auf Ihre Haltung auswirkt. Was wollen Sie in dieser Woche üben? Schreiben Sie auf eine Karteikarte, wofür Sie sich entschieden haben.

Die Aufmerksamkeit 2 Minuten lang auf den Atem richten, bevor ich morgens aufstehe.

Den Körper regelmäßig durchgehen. Atmen, wenn ich gestresst bin.

Der Frage „Was ist angenehm?" besondere, freundliche Aufmerksamkeit schenken.

Welche Erfahrungen haben Sie mit dieser Übung gemacht?

....

....

....

....

4. Reflexion
Schenken Sie folgender Frage Aufmerksamkeit: „Was ist jetzt angenehm?"

....

....

Bedeutet Entschleunigen, dass ich 40 km/h fahre, wo 70 km/h erlaubt sind?

....

....

*Alles Gute für diese Woche – und nicht vergessen:
Es geht darum, das Gelernte anzuwenden. Nur dann
macht es einen Unterschied.*

Willkommen zu Woche 3

Der Haltung gewahr sein – auch in unangenehmen Momenten

*Frieden im **Jetzt***

***(im gegenwärtigen Augenblick)** finden*

1. Körper und Haltung

Wie empfanden Sie den Body Scan in dieser Woche? Nicht immer einfach! Am Anfang war es furchtbar: vier Wochen lang hintereinander nichts als Unruhe. Jemand fragte mich: „Warum machst du das, wenn du dich dabei so unwohl fühlst?" Mir war natürlich klar, dass es nicht am Body Scan lag, sondern an mir. Ich hatte die Wahl: entweder aufhören und etwas anderes tun oder der Unruhe ins Gesicht sehen. Für mich war letztere Option eine Gelegenheit, mit Unruhe zu arbeiten, statt sie meine Worte oder Taten leiten zu lassen.

Nach dieser Woche mit Body Scan war Yoga die reinste Wohltat. Die sanfte Bewegung und die Erlaubnis, das zu tun, was meine Fähigkeiten und Grenzen zuließen, waren eine neue Erfahrung im Vergleich zum „Leistungssport", den ich davor trieb. Der Body Scan war zwar immer noch eine Herausforderung, dennoch stellte ich fest, dass er eine Grundlage dafür schuf, dass ich das Yoga von innen heraus erfahren konnte.

Der schwierigste Teil der Übungen ist häufig das Hinlegen zwischen den Bewegungen. Der Kursleiter sagte, dass es kein einfaches Hinlegen ist, sondern ein kurzer Body Scan. Mit dieser Haltung konnte ich die Bewegungen von innen heraus ausführen und jeden Moment auf das hören, was in meinem Körper geschah.

An einigen Tagen waren mir 45 Minuten viel zu lang und ich gab mir selbst die Erlaubnis, die 20-Minuten-Übung zu machen. Auf diese Weise konnte ich meinem Vorsatz treu bleiben, meinem Körper täglich etwas Gutes zu tun. Bereits nach einigen Wochen stellte ich fest, dass das körperliche Unbehagen etwas nachgelassen hatte.

Körperhaltung und innere Haltung

Ihre Körperhaltung ist wichtig. Sie wird auch als Körpersprache bezeichnet. Wie ist Ihre Haltung im Augenblick? Offen oder verschlossen? Zeigt sie Ihre Einstellung zum gegenwärtigen Augenblick? Drückt Ihre Körperhaltung wache Präsenz oder Schläfrigkeit aus? Oder Hektik? Sitzen Sie aufrecht oder sind Sie in sich zusammengesunken? Achten Sie auf Ihren Körper oder werden Sie bald Schmerzen verspüren?

Atempause

Schließen Sie für einen Moment die Augen.
Seien Sie sich Ihrer Körperhaltung gewahr.
Spiegeln sich Ihre momentanen Gedanken und Gefühle in Ihrer Haltung?

Ihre Haltung in Bewegung...

Wie bewegen Sie sich durchs Leben? Feindselig oder freundlich? Vertrauensvoll oder misstrauisch? Steif oder geschmeidig? Leben Sie mit dem ganzen Körper? In jedem Augenblick? Oder sind Sie Ihrem Körper zwei Schritte voraus? Können Sie in jedem Augenblick in Ihrem Körper wohnen, ihn spüren und würdigen?

Atempause

Nehmen Sie im Sitzen oder Stehen die Berghaltung ein.
Bewegen Sie Ihre Arme langsam und so, wie es für Sie stimmt.
Nehmen Sie dies wahr, als ob Sie Ihre Arme zum allerersten Mal bewegen würden.

YOGA ALS RESPEKTVOLLE HALTUNG

Yoga beginnt mit Zuhören

Wenn wir still werden und dem Körper zuhören, dann bemerken wir vielleicht, wie erschöpft und ruhelos wir sind. Solange wir unsere Ziele verfolgen, nehmen wir diese Gefühle nicht wahr. Wir meinen, es gäbe Tausend Dinge zu tun – mit dem vagen Versprechen, dass alles besser würde, wenn wir nur erst eine Myriade Aufgaben erledigt hätten.

Wenn wir die unserem Streben innewohnende Qual und die Unruhe wahrnehmen, wird unser Körper zu einem wichtigen Zeugen und Akteur. Hier beginnt Yoga, im gegenwärtigen Augenblick. Wir erkennen, dass ein vitaler Körper eine wesentliche Voraussetzung für Freude, Leben und Erfahrung ist.

> *Wie viel Zeit gestehen Sie sich zu,*
> *um einfach nur auszuruhen?*
> *Achten Sie auf sich?*

Wenn Sie permanent unter Stress stehen oder erschöpft sind, fehlt nicht viel, um Sie aus dem Gleichgewicht zu bringen. Ein erschöpfter Körper kann nicht genießen. Hier ist es wichtig, auf die Signale zu hören und sich die notwendige Zeit zu nehmen. Wenn Sie rechtzeitig eine Pause machen und nicht über Ihre Grenzen gehen, übernehmen Sie die Verantwortung für die Qualität Ihres Lebens. Dies ist vor allem dann wichtig, wenn Sie an chronischer Erschöpfung oder chronischen Schmerzen leiden.

Unsere Gedanken halten uns oft davon ab, unsere Grenzen zu achten. Wir leugnen zum Beispiel das Bedürfnis nach Ruhe, weil wir der Überzeugung sind, dass wir nicht genug getan haben oder dass es noch so viel zu tun gibt. Es kann sehr lehrreich sein, sich kurz die Gedanken zu vergegenwärtigen, die uns antreiben, „immer noch mehr zu tun". Dies hilft, das Ganze zu relativieren. Sagen Sie dann einfach „nein", wenn etwas Sie dazu bringen will, Ihre Grenzen zu überschreiten.

Ihr Körper sagt Ihnen, wie Sie auf sich achten können. Zu Beginn kann es schwierig sein zu entscheiden, was Sie wollen und was nicht, und es kann schwierig sein auszuhalten, dass Sie die Anforderungen und Erwartungen anderer nicht erfüllen. Dennoch ist es wichtig, dass Sie die Verantwortung für sich übernehmen. Niemand kann für Sie entscheiden, was Sie leisten können oder wie weit Sie gehen wollen. Es liegt an Ihnen wahrzunehmen, wenn Sie völlig von Ihren Zielen eingenommen sind und nicht auf Ihre Grenzen achten.

Im Yoga begegnen Sie sich mit großer Achtung

Im Yoga gewähren wir unserem Körper die höchste Autorität

Sie bewegen sich entlang Ihrer Grenzen, ohne sie zu überschreiten. Dies erfordert Achtsamkeit. Bei Yoga-Übungen werden Sie feststellen, dass viele Bewegungen automatisch und ohne Nachdenken erfolgen. In diesen Momenten ist Ihre Aufmerksamkeit auf der Gedankenstraße unterwegs, während Ihr Körper die Bewegungen ausführt. Dies geschieht, wenn wir Yoga „machen", statt es aus einem Zustand des Seins heraus zu praktizieren.

Wir praktizieren immer dann echtes Yoga, wenn wir die Übungen in bewusster Absicht ausführen. Die Achtsamkeitspraxis verleiht uns die Fähigkeiten und die Weisheit, die wir benötigen, um den Herausforderungen des Alltags begegnen zu können. Der Körper entscheidet, wie lange und wie intensiv wir eine Übung ausführen. Wenn eine Bewegung oder Körperhaltung sehr anstrengend ist, können wir sie etwas leichter machen oder sie sogar ganz auslassen anstatt durchzuhalten und „gut zu sein". Auf diese Weise überlassen wir dem Körper und der unmittelbaren Erfahrung die Entscheidung. Wir fördern die Achtung für das, was wir in diesem Moment leisten können, und für die Person, die wir jetzt sind.

Im Yoga nehmen Sie eine Haltung ein –
im wahrsten und im übertragenen Sinne des Wortes

Nehmen Sie freundlich wahr, was Sie tun, während Sie es tun.
Bleiben Sie wachsam für die Bewegungen des Geistes.
Yoga bedeutet, respektvoll im „Jetzt" anzukommen.
Sie erzwingen nichts und überanstrengen sich nicht.
Sie folgen dem Weg der Mitte.

Nehmen Sie sich Zeit …
und würdigen Sie sich auf diese Weise …

Unsere Gedanken halten uns oft davon ab, unsere Grenzen zu achten. Wir leugnen zum Beispiel das Bedürfnis nach Ruhe, weil wir der Überzeugung sind, dass wir zu wenig getan haben oder dass es noch so viel zu tun gibt. Es kann sehr aufschlussreich sein, sich kurz die Gedanken zu vergegenwärtigen, die uns dazu verleiten, „immer noch mehr zu tun". Dies hilft, das Ganze zu relativieren. Sagen Sie dann einfach „nein", wenn etwas Sie über Ihre Grenzen schieben will.

Beschreiben Sie jetzt eine Situation, in der Sie Ihre Grenzen respektiert und sich nicht zu etwas gezwungen haben, obwohl Ihr Verstand versuchte, Sie davon zu überzeugen, dass Sie es tun sollten. Tauschen Sie sich mit jemandem darüber aus und erklären Sie, was sie motiviert hat, sich so zu verhalten.

Gönnen Sie Ihrem Körper Zeit
… und achten Sie damit das Leben …

Ich achte mich

1. Gibt es etwas, was ich täglich mache und was für mich anstrengend oder unangenehm ist? Was spüre ich im Körper?

....

....

....

....

....

Welcher Gedanke ist dann vorherrschend? Hilft mir dieser Gedanke, meine Grenzen zu achten?

....

....

....

....

....

2. Wie lange kann ich bei dieser Tätigkeit bleiben, ohne dass sich übermäßig viel Stress aufbaut?

....

....

....

....

....

3. Was hilft mir, darauf zu achten, dass ich die Tätigkeit nicht zu lange
   ausübe und besser für mich sorge?

....

....

....

....

....

4. Was mache ich, um wieder aufzutanken?

....

....

....

....

....

*Kann ich mich im
gegenwärtigen Augenblick einrichten?*

Kann ich dem „Jetzt" vertrauen?

*Kann ich mich ganz
in diesen Augenblick hinein entspannen?*

2. Atempausen einbauen

Wir sind wie ein Spielzeug auf den Wellen
der Gedanken und des Tuns

Wie Sie wahrscheinlich bemerkt haben, ist es nicht einfach, im Getriebe des Alltags das Sein zu erleben. Erinnern Sie sich an einen Vorschlag aus Woche 1: „Richten Sie Ihr Gewahrsein jede Stunde 1 Minute lang auf den Atem". Gelingt Ihnen das? Sie werden häufig feststellen, dass sich schon vor Ablauf dieser einen Minute ein unerträgliches Unbehagen einstellt. Mitten am Tag ist es kaum zu schaffen, plötzlich einfach zu sein und unseren Atem wahrzunehmen – noch nicht einmal eine Minute lang. Bevor wir es merken, haben wir weitergemacht. Ganz zu schweigen von der Schwierigkeit, Zeit für Yoga oder einen Body Scan zu finden.?

Die Macht der Gedanken und des Tuns

Während des Tages sind wir ganz von unseren Gedanken und unserem Tun in Anspruch genommen. Gedanken und Aktivitäten sind wie unerbittliche Wellen, in deren Sog wir geraten und die uns nicht erlauben, auch nur einen Moment aufzutauchen und Atem zu schöpfen. Unsere Pläne, Sorgen und Ziele nehmen uns völlig in Beschlag.

Wenn wir etwas erreicht haben, fühlen wir uns kurz besser – nicht so sehr wegen des Erreichten, sondern weil das Unbehagen, das den Wunsch begleitet, es zu erreichen, vorübergehend aussetzt. Das, was wir sehr schnell erreichen, wird bekannt, normal oder sogar zu etwas sich Wiederholendem, Langweiligem. Wir wollen etwas Neues.

Irgendwie sind wir der Meinung, dass „später" alles besser wird. Wenn wir erst dies getan oder das bekommen haben, dann wird alles gut sein. Das Problem ist, dass sich die „Erlösung" immer vor uns herschiebt. Sobald wir eine Aufgabe erledigt haben, taucht die nächste am Horizont auf. Diese Jagd nach dem Glück hört niemals auf.

Atempause

Innehalten und atmen.

Welche Stimme möchte Sie in Aktivität versetzen?

Lassen Sie einen Moment los und seien Sie im Frieden mit dem, was jetzt und hier ist.

TUN UND SEIN

Tun Sie oder sind Sie? [3]

Da wir permanent von unseren Zielen und Aktivitäten in Anspruch genommen sind, finden wir keinen Augenblick, in dem wir in Ruhe und Frieden einfach sein können. Dieses unablässige Denken und Tun sorgt für Stress.

Es ist die *strenge Stimme,* uns antreibt. Dies muss noch getan werden und das muss noch getan werden. Es gibt immer etwas, was verbesserungsbedürftig ist oder einfach noch nicht stimmt. Wenn nicht Sie gemeint sind, dann ist es die Kritik an einem anderen Menschen oder es sind berufliche Notwendigkeiten, die Einsatz erfordern. Das Tun hat große Macht. Das Tun ist eine Gewohnheit. Das Tun geschieht automatisch. Sie stellen fest, dass Sie ganz ungeplant dies und jenes tun.

Der Vorschlag für Woche 1 lautete deshalb, Ihre Aufmerksamkeit jede Stunde eine Minute lang auf den Atem zu richten, damit Sie vom Tun ins Sein umschalten können. Vom Tun ins Sein umzuschalten hilft uns, mit Stress und Depression umzugehen. Wenn wir immer mal wieder eine Atempause einlegen, um einen Moment lang einfach

---

3 Anm. d. Übers.: In der englischen Version wird hier das schöne Wortspiel „Are you a human doing or a human being?" verwendet, das sich leider nicht ins Deutsche herüberretten lässt. „Human being" bedeutet Mensch bzw. wörtlich „menschliches Wesen" und „being" bedeutet „sein". Den Begriff „human doing" gibt es eigentlich nicht, sondern er ist gebildet worden, um einen Menschen zu beschreiben, dessen Fokus auf dem Tun liegt.

zu „sein", kann sich nicht so leicht Stress aufbauen. Wir werden dann nicht so sehr von unserem Tun angetrieben, das fortwährend etwas anderes möchte als das, was jetzt ist.

Atempausen sind wie ein Kurzurlaub

Wir legen jetzt dreimal täglich eine Atempause von drei Minuten ein. Diese Atempause besteht darin, innezuhalten, zu atmen, auf den Atem zu achten und der Erfahrung Raum zu geben.

Diese Atempause bietet die Chance, den Strom der Gedanken und des Tuns zu unterbrechen und sich mit dem gegenwärtigen Augenblick zu verbinden. Damit machen Sie sich selbst ein Geschenk. Indem wir in unseren Alltag regelmäßige Atempausen einbauen, geben wir dem Sein mehr Gewicht. Im Zustand des Seins können wir die *sanfte* hören und Klarheit sowie Frieden erleben.

Im Prinzip müssen Sie nichts Besonderes tun, sondern nur zur Ruhe kommen und Ihrer Erfahrung sanft mit nicht wertendem Gewahrsein begegnen. Sie werden das hören, was hier und jetzt für Sie wahr und wichtig ist. Dies ist der Schlüssel für inneren Raum und Authentizität.

Rick berichtet

Atempausen waren für mich die wichtigste Übung im achtwöchigen Acht-samkeitsprogramm und danach. Manchmal empfand ich die längeren Übungen als schwierig. Dies war seltsam, da für andere die längeren Übungen die besten zu sein schienen. An manchen Tagen legte ich 10 Atempausen ein. Insgesamt also fast eine lange Übung! Ich merkte, dass sie mir um-so besser taten, je öfter ich sie machte.

Zunächst bedurfte es einiger Gewöhnung. Einfach im geschäftigen Alltag innezuhalten fühlte sich komisch an. Manchmal melden sich Gedanken wie: „Du solltest dich besser um das kümmern, was noch getan werden muss". Ich stellte bald fest, dass ich nach den Atempausen konzentrier-ter und respektvoller im Moment sein konnte. Die Zeit wurde durch die Qualität der sich anschließenden Arbeit mehr als wettgemacht. Nach einer Weile waren die Atempausen meine erste Antwort auf schwierige Momente.

SAA

S

Innehalten und Atmen

> *Werden Sie still und hören Sie hin,*
> *spüren Sie Ihren Atem und Ihren Körper.*

A

Achtsam sein und Raum geben

> *Geben Sie Ihrer Erfahrung Raum.*
> *Begegnen Sie ihr mit sanftem Gewahrsein.*
> *Bleiben Sie so stark wie ein Fels*
> *in der Brandung.*

A

die Tätigkeit wieder aufnehmen

> *Bleiben Sie Ihres Atems gewahr,*
> *während Sie die Augen wieder öffnen.*
> *Nehmen Sie Ihre Tätigkeit*
> *mit sanftem Gewahrsein wieder auf.*

Innehalten

Beginnen Sie die Atempause mit der Entscheidung, innezuhalten. Dies ist insbesondere mitten im geschäftigen Alltag gar nicht einfach. Die Wellen der Gedanken und des Tuns wollen, dass Sie weitermachen. Nehmen Sie diese Wellen ohne Bewertung wahr. Seien Sie wie ein Fels in der Brandung. Nehmen Sie eine Haltung ein, die so fest ist, dass die Wellen der Gedanken und des Tuns nichts auszurichten vermögen.

Atmen

Richten Sie Ihre Aufmerksamkeit ganz auf den Atem. Folgen Sie freundlich jedem Atemzug. Atmen Sie ein. Atmen Sie aus. Lassen Sie den Atem einfach geschehen. Hören Sie aus dem Zustand des Seins heraus zu.

Ihr Atem hilft Ihnen, die Aufmerksamkeit auf den gegenwärtigen Augenblick zu richten. Er versetzt Sie in einen Zustand von Achtsamkeit und Stille. Sie können beim Einatmen „dieser" und beim Ausatmen „Augenblick" denken.

Gewahr sein

Begegnen Sie jeder Erfahrung mit respektvoller Aufmerksamkeit. Fokussieren Sie auf Ihre Empfindungen. Was stellen Sie fest? Welche Emotionen übernehmen die Führung? Welcher Gedanke herrscht vor? Begegnen Sie Ihrer Erfahrung mit freundlicher, sanfter Aufmerksamkeit. Nutzen Sie Ihren Atem, um sich inmitten all dessen, was sich zeigt, im Sein zu verankern. Atmen Sie mit der Anspannung, die vielleicht entsteht.

Raum geben

Dehnen Sie Ihr Bewusstsein auf die Konturen Ihres Körpers und darauf aus, wie sich Ihr Körper insgesamt anfühlt. Wenden Sie sich Ihrem Gesicht zu. Ihr Gesicht spiegelt die Qualität Ihrer Achtsamkeit wider. Es wird weich, wenn Sie es mit einem sanften inneren Lächeln berühren. Vielleicht möchten Sie das innere Lächeln ja in sich hineinatmen.

Die Tätigkeit mit Achtsamkeit wieder aufnehmen

Bleiben Sie auch nach der Atempause achtsam. Sie können mit dem größeren Raum in Kontakt bleiben. Erinnern Sie sich an die Möglichkeit, in jedem Moment offen und weich zu sein. Betrachten Sie jeden Augenblick als eine Einladung an eine freundliche Aufmerksamkeit.

NEHMEN SIE SICH ZEIT, UM IHRE ERFAHRUNGEN WÄHREND DER ATEMPAUSE IN WORTE ZU FASSEN

Manchen Menschen fällt es nicht leicht, ihre körperlichen Empfindungen zu beschreiben. Wir haben den Kontakt zu unserem Körper verloren, da wir gelernt haben, ihn bei Stress nicht zu spüren. Versuchen Sie, Ihre Empfindungen wahrzunehmen und sie dann treffend zu beschreiben. Das Hinschauen erhöht die Aufmerksamkeit und Sie werden bewusster – auch für angenehme Empfindungen. Seien Sie so genau wie möglich. Wenn Sie sich „entspannt" oder „verspannt" fühlen, beschreiben Sie genau, wo im Körper Sie sich verspannt fühlen. Gibt es Stellen im Körper, die sich anders anfühlen? Wenn Sie angespannt sind, bemerken Sie vielleicht Herzklopfen, Anspannung im Solarplexus oder ein Stirnrunzeln. Sie können noch genauer sein: Fühlt es sich kalt oder warm an, ziehend oder drückend, zitternd oder stabil, wechselnd oder gleich bleibend? Dazu bedarf es neugierigen Interesses. Es gibt ein ganzes Universum zu entdecken.

Gefühle zu beschreiben ist ebenfalls nicht einfach. Wir haben zusammen mit Teilnehmern am Übungsprogramm eine Liste erstellt. Viele Gefühle sind Ihnen sicher vertraut. Dennoch macht es einen Unterschied, sie zu erkennen und zu fühlen, während sie Teil Ihrer augenblicklichen Erfahrung sind. Dies ist eine Fähigkeit und eine Entdeckungsreise in Ihre emotionale Welt. Mit dieser Übung steigern Sie Ihre emotionale Intelligenz. Sie können die Liste auch noch ergänzen. Wichtig ist, diese Gefühle nicht als Spiegel der Situation zu betrachten, sondern als eine persönliche Erfahrung bzw. Ihr persönlicher Eindruck von der Situation.

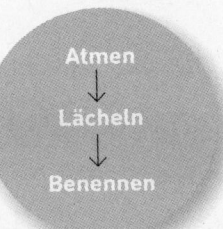

Atmen
↓
Lächeln
↓
Benennen

WAS NEHMEN SIE WAHR, WENN SIE SICH SO FÜHLEN:

ängstlich	mutig
ärgerlich	zufrieden
eifersüchtig	sich mit jemandem freuend
träge	begeistert
müde	energetisch
aufgeregt	ruhig
ungeduldig	geduldig
gelangweilt	interessiert
besorgt	sorglos
unsicher	sicher
bedürftig	befriedigt
feindselig	liebend
einsam	verbunden
wertlos	wertvoll
enttäuscht	erfüllt
schutzlos	sicher
traurig	fröhlich
abwesend	aufmerksam
verschlossen	offen
verwirrt	klar
misstrauisch	vertrauensvoll
egoistisch	altruistisch
abgelehnt	angenommen
rachsüchtig	vergebend
schuldig	gesegnet
verletzt	bewundert

Wenn Sie nie wieder Stress empfinden möchten,
schaffen Sie die idealen Bedingungen
für Frustration.
Dieser Wunsch ist schlichtweg unrealistisch
und entbehrt eines ganzheitlichen Verständnisses.
Ein solcher Wunsch ist die Quelle
für noch mehr Stress.

Quelle: Achtsamkeit – Der Weg zu innerer Freiheit.

3. Wenn das Leben nicht in Ihrem Sinne verläuft

Unangenehme Gefühle

Wir alle kennen Situationen, in denen wir frustriert oder enttäuscht sind. Wir alle haben unerfüllte Wünsche und Dinge, die wir uns anders gewünscht hätten. Dies erzeugt unangenehme Gefühle. Das ist unvermeidlich und gehört zum Menschsein dazu.

Die erste edle Wahrheit[4] lehrt uns, dass es Unbehagen in der Welt und in unserem Leben gibt. Allein die Bereitschaft, das Unbehagen ganz zu konfrontieren, ist ein großer Schritt. Ein nicht wertendes Gewahrsein für das, was sich zeigt, für die Höhen **und** Tiefen unseres Daseins, ist ein Schlüssel zur Freiheit. Und es erlaubt uns, uns intensiver zu erfahren und in eine freundlichere Beziehung zum Leben zu treten.

> In dieser Woche konzentrieren wir uns vor allem auf unangenehme Erfahrungen. Sie gehören zum Leben dazu. Unsere Reaktionen auf das Unbehagen sind oft eine unselige Quelle unnötigen Leidens.

Wenn Sie Ihre Reaktionen auf unangenehme Ereignisse aufmerksam wahrnehmen, können Sie feststellen, wie Sie mit dem Leben in Beziehung treten. Wenn Sie sich radikal für ein Leben in Freiheit entscheiden und die Verantwortung für das übernehmen möchten, wer und was Sie sind, dann ist es wichtig, dass Sie Ihre Reaktionsmuster kennen. Diese Muster sind an sich weder richtig noch falsch. Es geht darum zu erkennen, welche Muster Ihr Leben dominieren. Dieses Erkennen schenkt neue Freiheit und die Möglichkeit, bewusst zu leben. Vielleicht wünschen Sie sich ja mehr Freundlichkeit in Ihrem Leben.

4 Achtsamkeit – Der Weg zu innerer Freiheit (Arbor Verlag 2009)

Wir wollen nun genauer betrachten, was geschieht, wenn wir Stress oder Angst empfinden oder unglücklich sind.

Gerda wacht mitten in der Nacht auf. Ihr Herz rast und sie kann kaum atmen. Ihr ist sehr heiß und sie schwitzt. Sie hatte gerade einen fürchterlichen Alptraum.

Vielleicht haben Sie schon einmal etwas Ähnliches erlebt. Es war zwar nur ein Traum, eine Vorstellung und dennoch hat Ihr Körper stark reagiert. Körper und Geist stehen ununterbrochen in Wechselbeziehung. Jeder Gedanke wirkt sich spürbar auf den Körper aus. Sie können nichts erleben, ohne dass Gefühle, Gedanken und körperliche Empfindungen daran beteiligt wären. Diese drei Elemente beeinflussen sich permanent gegenseitig.

In Pieters Familie leiden einige Menschen an einer Herzerkrankung. Obwohl Pieter noch jung und gesund ist, fühlt er sich nicht rundum wohl. Eines Tages spürte er sein Herz schlagen, während er zu Fuß unterwegs war. Er interpretierte dies (dachte) sofort: „Oh, jetzt bekomme ich einen Herzinfarkt!" Dieser Gedanke ist mit einer bestimmten Angst verbunden. Die Angst manifestiert sich im Körper und lässt das Herz noch schneller schlagen. Dies wiederum bestätigt die Tatsache, dass er höchstwahrscheinlich einen Herzinfarkt bekommen wird. „Siehst du, ich bekomme einen Herzinfarkt!"

Pieters Erlebnis zeigt, wie körperliche Empfindungen, Gedanken und Gefühle miteinander in Wechselwirkung stehen. Auf diese Weise entsteht – unbewusst – eine Gedanken-Gefühlsspirale.

Menschen, die regelmäßig unter depressiven Episoden leiden, entwickeln mit größerer Wahrscheinlichkeit bei der kleinsten Stimmungsschwankung eine Negativspirale. Diese Spirale sorgt dafür, dass sich Angst und Depression bis zum Äußersten steigern.

Eine auf Erfahrung beruhende Einsicht in diese Gedanken-Gefühls-spirale verhindert, dass wir in einen solchen Stresszustand geraten. Indem wir in dieser Woche die Elemente unserer Erfahrung erforschen, werden wir zu größerer Einsicht gelangen.

Jede Erfahrung – selbst Stress, Angst oder Depression – setzt sich aus drei Elementen zusammen: Gedanken, Emotionen und körperlichen Empfindungen. Da häufig eines dieser Elemente stärker präsent ist, nehmen wir die beiden anderen Elemente kaum wahr. Durch die Einsichtsmeditation wollen wir die drei Elemente deutlich erkennbar machen und voneinander unterscheiden.

Neben unserer Erfahrung gibt es auch unsere Beziehung zu dieser Erfahrung. Diese Beziehung ist häufig eine unbewusste Reaktion mit dem Ziel, unangenehme Gefühle zu vermeiden und an angenehmen Gefühlen festzuhalten. Folglich reagieren wir auf Gefühle und Empfindungen, statt angemessen auf die Situation zu reagieren, wie sie sich zeigt. Wir lernen unsere Erfahrung und unsere Reaktion darauf in der Tiefe kennen, um aus diesen unbewussten, ungesunden Mustern zu „erwachen".

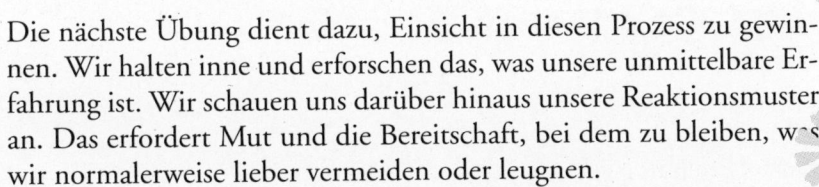

Die nächste Übung dient dazu, Einsicht in diesen Prozess zu gewinnen. Wir halten inne und erforschen das, was unsere unmittelbare Erfahrung ist. Wir schauen uns darüber hinaus unsere Reaktionsmuster an. Das erfordert Mut und die Bereitschaft, bei dem zu bleiben, was wir normalerweise lieber vermeiden oder leugnen.

Atempause

Innehalten und atmen.

Fühlen Sie sich gerade eher wohl oder eher unwohl?

Atmen Sie in dieses Gefühl hinein und lassen Sie es da sein

Arbeitsblatt

Erinnern Sie sich an einen unange-nehmen Moment, den Sie vor kurzem erlebt haben.	Welche Gedanken hatten Sie?
Welches Gefühl war damit verbunden?	Was haben Sie im Körper gespürt?
Wie haben Sie auf den unangenehmen Moment reagiert? Haben Sie das Gefühl wahr-genom-men, ohne es zu bewerten?	Haben Sie das Gefühl herunter-gespielt? Haben Sie das Gefühl übertrieben? Wie?

Arbeitsblatt

Erinnern Sie sich an einen unangenehmen Moment, den Sie vor kurzem erlebt haben.	Welche Gedanken hatten Sie?
Welches Gefühl war damit verbunden?	Was haben Sie im Körper gespürt?
Wie haben Sie auf den unangenehmen Moment reagiert? Haben Sie das Gefühl wahr-genommen, ohne es zu bewerten?	Haben Sie das Gefühl herunter-gespielt? Haben Sie das Gefühl übertrieben? Wie?

4. Die sechs Muster

ABLENKUNG

„Wo ist die Keksdose?"

Da wir es vorziehen, unangenehme Gefühle zu vermeiden, suchen wir häufig nach Ablenkung, um sie nicht spüren zu müssen. Wir tun dies auf ganz unterschiedliche Weise: Naschen, fernsehen oder über Belangloses reden, wenn etwas Wichtiges besprochen werden müsste. Wir vermeiden es, über wesentliche Dinge zu sprechen.

An dieser Strategie gibt es grundsätzlich nichts auszusetzen. Wir überprüfen lediglich, wann diese Ablenkungen so im Vordergrund stehen, dass sie unsere Lebensqualität schmälern. Wenn wir übermäßig viel fernsehen oder Alkohol trinken, bleibt wenig Raum dafür, das Leben in seiner ganzen Fülle zu erfahren.

Stellen Sie sich folgende Fragen

Was tue ich, wenn es mir nicht gut geht?
Auf welche Weise lenke ich mich ab?

....

....

....

....

Es gibt auch Formen der Ablenkung, die die Lebensqualität steigern, wie Spazierengehen, Schwimmen oder ein gutes Gespräch mit einem Freund.

VERMEIDUNG

Ich habe bemerkt, dass ich mich über den Verkäufer in unserem Laden geärgert habe. Dieses Gefühl hatte damit zu tun, dass er ein Versprechen nicht gehalten hatte. Da ich weitere Einkäufe bei ihm vermeiden wollte, habe ich in einem Geschäft eingekauft, das ein ganzes Stück weiter entfernt lag. Ich habe schnell festgestellt, dass es für mich zusätzlichen Stress bedeutet, Einkäufe in dem Laden zu vermeiden, und dass es das Beste wäre, mich an meine Gefühle zu gewöhnen. Nach der Meditation konnte ich in dem Laden bei mir in der Nähe wieder ohne inneren Widerstand einkaufen. Dadurch wurde mein Leben wieder etwas leichter.

Manchmal kann es wichtig sein, sich Zeit zu nehmen, um wieder „abzukühlen", indem man eine Person oder Situation eine Weile meidet. Schwierigkeiten werden immer dann ungemütlich, wenn sie zu einer Gewohnheit werden. Sie werden immer mehr Menschen und Situationen meiden und Ihre Welt dadurch mit jedem Tag stärker einengen.

Es könnte auch sein, dass Sie gewohnheitsmäßig Konflikte vermeiden und das Thema wechseln, wenn ein Gespräch schwierig wird. Oder Sie sagen zu allem „ja", um bei sich oder anderen unangenehme Gefühle zu vermeiden.

Stellen Sie sich folgende Fragen

Wen meide ich?
Was vermeide ich wirklich?

....

....

....

....

Wenn eine stressige Situation Sie belastet, kann es wichtig sein, die Situation zu verlassen und sie so lange zu meiden, bis Sie sich ausreichend erholt haben, um sich dem Konflikt stellen zu können.

RELATIVIEREN

*„Das ist nicht so schlimm", behaupten Ihre Gedanken beharrlich,
doch Ihre Gefühle schreien: „Es ist furchtbar!"*

Wenn wir etwas relativieren, nehmen wir in Bezug auf eine schwierige Erfahrung eine andere Position ein. Dies ermöglicht manchmal eine realistischere Einschätzung der Situation. Durch Rationalisieren lässt sich aber auch leugnen, was wir wirklich fühlen. Dann bagatellisieren wir.

Hat schon mal jemand versucht, Ihnen auf emotionaler Ebene zu helfen, indem er oder sie sagte: „Das ist nicht so schlimm"? Haben Sie sich dadurch unterstützt gefühlt? Wahrscheinlich ging es Ihnen danach noch schlechter. Sagen Sie sich manchmal, dass es keinen logischen Grund dafür gibt, warum Sie etwas Bestimmtes fühlen?

Stellen Sie sich folgende Fragen

Wo ist es angebracht, etwas zu relativieren?
Wo rationalisiere ich zu sehr?

....

....

....

....

....

Es ist wichtig, Ihren Gefühlen genug Aufmerksamkeit zu schenken. Sie fühlen, was Sie fühlen. Die Gedanken stehen auf einem anderen Blatt. Ihre tiefsten Gefühle zu respektieren ist eine Form von Selbstachtung.

DENKEN ODER GRÜBELN

Gefühle wollen akzeptiert werden.
Probleme wollen gelöst werden.

Denken bedeutet in diesem Fall nicht nur Rationalisieren, sondern es ist auch ein Versuch, Ursachen und Lösungen zu finden. Der Geist möchte verstehen. Verstehen vermittelt den Eindruck von Kontrolle. Dies setzt einen gewaltigen Strom an Grübeleien in Gang.

* Warum fühle ich so?
* Könnte es dies oder das sein?
* Meine Zukunft?
* Meine Vergangenheit?
* Was habe ich dieses Mal falsch gemacht?

Wenn wir über Gefühle nachdenken, wird es meistens noch schlimmer. Gefühle wollen vor allem erfahren werden. Wenn wir etwas immer wieder überdenken, kommen uns Gedanken der Schuld, der Verurteilung und der Buße. Dies verstärkt die Anspannung und das Unbehagen.

Stellen Sie sich folgende Fragen

Analysiere ich meine Gefühle?
Gibt mir das Denken einen Eindruck von Kontrolle?

....

....

....

....

Gefühle wollen in erster Linie erfahren werden. Akzeptieren Sie, was gerade ist, statt sich zu beschweren, dass das geschieht, was geschieht. Sobald Sie es akzeptiert haben, können Sie entscheiden, wie sie mit der Situation, wie sie sich zeigt, umgehen wollen.

SICH BESCHWEREN UND SCHULDIG FÜHLEN

Das ist nicht fair!

Unangenehme Gefühle werden leicht bewertet. Wir verurteilen unsere Gefühle und beschweren uns darüber, dass sie da sind.

* Ich möchte mich nicht so fühlen.
* Ich hasse dieses Gefühl.
* Das hätte nicht geschehen sollen.
* Warum tun sie mir das an?

Wir suchen häufig nach jemandem oder etwas, den bzw. das wir für unsere Situation verantwortlich machen können. Manchmal machen wir uns auch selbst Vorwürfe. Wir hassen uns selbst. Im Extremfall lehnen wir uns so sehr ab, dass wir uns selbst vernichten wollen. Selbstmord kann als eine solche extreme Reaktion betrachtet werden. Es kann so unerträglich werden, dass wir das Unbehagen vernichten wollen – also uns selbst.

Stellen Sie sich folgende Fragen

Was geschieht, wenn ich mich beschwere und mich der Erfahrung verweigere?
Was bewirken Gedanken wie „Es ist seine bzw. meine Schuld"?

....

....

....

....

Es ist wichtig, zwischen Bedauern und Schuldgefühlen zu unterscheiden. Schuldgefühle zielen oft auf das Selbst und die Vergangenheit. Bedauern umfasst auch die gesamte gegenwärtige Situation und das, was in Zukunft getan werden kann.

Ja, aber ... mir geht es wirklich schlecht!

Es klingt seltsam, aber in manchen Momenten halten wir tatsächlich an unserem Unbehagen fest. Wir aalen uns darin und spielen den „armen Kleinen" – oft auch, um Aufmerksamkeit zu bekommen. Wir halten an unserer Opferrolle fest, indem wir jammern und klagen. Untergründig meinen wir, ein Recht darauf zu haben, dass es uns elend geht, und wir weigern uns, uns besser zu fühlen.

Es ist wichtig, diese Tendenz zu erkennen. Manchmal gibt es einen „sekundären Gewinn", der auch soziale Auswirkungen hat.

Fast jeder wünscht sich Aufmerksamkeit. Das zeigt sich schon bei kleinen Kindern. Mama, schau' mal! Papa, schau' mal! Sie möchten bewundert werden. Bei Erwachsenen ist es kaum anders. Und ja, wir sind menschliche Wesen. Ehrliche, positive Worte können uns Mut und Zuversicht schenken. Aufmerksamkeit zu verlangen ist jedoch hoffnungslos. Es ist wie Glück einzufordern.

Stellen Sie sich folgende Fragen

Wie verhalte ich mich, wenn ich verletzt bin und Aufmerksamkeit brauche?
Jammere oder übertreibe ich in der Hoffnung, gehört zu werden?

....

....

....

....

Können Sie dem gegenwärtigen Augenblick ganz vertrauen? Achtsamkeit lehrt uns, uns selbst die Aufmerksamkeit zu schenken, die wir bei anderen suchen.

Antworten statt reagieren

Wir haben gerade sechs Muster betrachtet. Fast jeder hat mit irgend-etwas Schwierigkeiten. Daran ist an sich nichts Falsches. Außerdem ist es wichtig, sich ablenken zu können und Gefühlen nicht unmittelbar Aufmerksamkeit zu schenken. Wenn Ablenkung jedoch zur einzigen Strategie wird und Sie Ihre Gefühle permanent herunterspielen oder übertreiben, dann entfernen Sie sich von sich selbst und verlieren die Wahlfreiheit und den Respekt, mit dem Sie dem Leben gegenüber-treten wollen.

Die Atempausen und auch die Sitzmeditationen erlauben es uns, un-ser Leben in die Hand zu nehmen, statt uns von Impulsen leiten zu lassen. Sie lernen, alte Muster zu erkennen und sie mit Mitgefühl zu betrachten. Je mehr Sie ein Muster verurteilen, desto mehr Macht erhält es.

Es ist die Haltung des Yoga, die uns ein Gleichgewicht finden lässt zwischen „nicht verurteilen" und „nicht weggetragen werden". Wir können entscheiden, auf einen schwierigen Moment mit starker, sanfter Klarheit zu antworten, indem wir bei dem bleiben und dem Raum geben, was hier und jetzt ist. Dieser Raum erlaubt es uns, dem Leben nicht länger aus unseren Impulsen heraus zu begegnen, sondern in bewusster Absicht.

Es kann sich ziemlich seltsam anfühlen, nicht mit den gewohnten Mustern zu reagieren. Sie können sich fragen: „Wer bin ich, wenn ich nicht mit den alten, bekannten Mustern reagiere?" Manchmal erwar-ten auch die Menschen in Ihrem Umfeld, dass Sie auf eine bestimm-te Weise reagieren, weil sie Sie seit Jahren so kennen. Lassen Sie sich davon nicht abhalten!

Kann ich allen meinen Gefühlen Aufmerksamkeit schenken?

Würdigen...

Atmen...

Raum geben...

Zulassen...

Loslassen...

Ohne anderen, der Welt oder Gott
die Schuld zu geben...

Ohne darüber nachzudenken und
zu versuchen, sie loszuwerden...

Ohne mich mit irgendetwas abzulenken...
Ohne Verurteilung oder Widerstand...

5. Tägliche Übungen

1. Yoga oder Body Scan

Machen Sie täglich Körperübungen. Yoga wirkt sich auf die drei Hauptsäulen eines gesunden Körpers aus: Beweglichkeit, Muskeltonus und aerobe Kapazität. Auch tägliche Spaziergänge oder Fahrradfahren haben einen günstigen Einfluss auf diese drei Säulen und sorgen damit für eine optimale körperliche Verfassung. Bei chronischen Schmerzen oder Erschöpfung können auch einige Qi-Gong-Übungen sehr hilfreich sein.

Beschreiben Sie Ihre Meditationserfahrung

....

....

....

....

....

2. Atempause

Beschließen Sie, dreimal täglich drei Minuten lang innezuhalten und achtsam zu sein. Sie können sich zusätzlich irgendwann am Tag zehn Minuten auf den Atem konzentrieren.

Was haben Sie herausgefunden?

....

....

....

....

....

3. Mini-Übungen

Was wollen Sie in dieser Woche üben? Wählen Sie eine Übung, der Sie Ihre ganze Aufmerksamkeit schenken. Halten Sie Ihre Wahl auf einer Karteikarte fest, wenn Sie befürchten, sie zu vergessen.

> Antworten Sie auf eine unangenehme Erfahrung zunächst mit einer Atempause.
>
> Schenken Sie Ihrem Gesicht regelmäßig Aufmerksamkeit und lassen Sie es weich werden.
>
> Tun Sie jeden Tag zehn Minuten lang „nichts".

Welche Erfahrungen haben Sie mit dieser Übung gemacht?

....

....

....

....

4. Reflexion

Inwieweit habe ich in Bezug auf meinen Körper und meine Grenzen einen achtungsvollen Mittelweg gewählt?

....

....

Wer keine Zeit für Übungen hat, wird sich Zeit für eine Krankheit nehmen müssen. Trifft dies auf mich zu?

....

....

Viel Spaß in dieser Woche –
und vergessen Sie die Liste der „unangenehmen Augenblicke" nicht.

Willkommen zu Woche 4

Innerer Stille und Stress gewahr sein

*In der **Gegenwart** still werden*

1. Stress...

Stress gehört zum Leben. Er lässt sich nicht vermeiden. Stress entsteht bei jeder Veränderung, an die Sie sich anpassen müssen. Das kann so etwas Unbedeutendes wie das Wetter sein oder eine echte Bedrohung Ihres körperlichen oder seelischen Wohlbefindens zum Beispiel durch finanzielle Schwierigkeiten oder einen drohenden Arbeitsplatzverlust.

Stress ist auch etwas Positives. Er setzt Energien im Körper frei, damit Sie sich auf Veränderungen einstellen können. Die freigesetzte Energie hat ihren Ursprung in der so genannten „Kampf- oder Fluchtreaktion". Bei dieser Reaktion werden Adrenalin und Cortisol ausgeschüttet, Herz- und Atemfrequenz steigen an, Blut fließt in die großen Muskeln, die Pupillen weiten sich und das Hörvermögen steigt an. Dank dieser Vorgänge können wir besser mit bedrohlichen Situationen oder Herausforderungen umgehen.

Bei übermäßigem Stress nimmt seine Wirksamkeit ab. Bei länger anhaltenden Stresssituationen kann der Körper unter Umständen nicht wieder in einen Gleichgewichtszustand zurückkehren. Erschöpfung ist dann die Folge. Sie fühlen sich müde, reizbar und klagen über Beschwerden wie Schlafstörungen und Kopfschmerzen.

... und Stressreaktion

Stress ist jedoch nicht nur etwas, das Sie heimsucht, sondern auch etwas, das Sie sich oft selbst machen. Unser Leben ist oft durch Verpflichtungen geprägt. „Ich muss ..." trägt aber nicht gerade zur Entspannung bei. Schauen Sie sich Ihr Leben an. Was ist das alles, was getan werden muss? Wodurch werden Ihre „Ich muss ..." motiviert? Perfektionismus? Verantwortungsgefühl? Gut sein wollen? Der oder die Beste sein wollen? Schuldgefühle vermeiden? Oder die Unfähigkeit, das loszulassen, was vorbei ist?

Atempause

Schließen Sie Ihre Augen und atmen Sie.
Beobachten Sie Ihre Gedanken.
Was „muss" alles noch getan werden?

Loslassen ist nicht einfach. Etwas geschieht und obwohl es vorbei ist, fühlen wir uns weiterhin gestresst. Der Stress bleibt. Wir haben dies bereits in der ersten Woche erfahren. Gedanken kommen und gehen, Bewertungen kommen und gehen, Meinungen kommen und gehen. Der Stresspegel geht nicht auf einen Ruhepunkt zurück. So fördern Sie chronischen Stress mit Ihren Gedanken.

Ron berichtet

Als ich eine Stunde zu spät zu einer Besprechung erschien, weil ich in einem Stau steckte, brüllte mich mein Chef auch noch an. Ich konnte den Tag nicht länger genießen. Überdies wurde ich sehr ungemütlich. Alle mussten sich meine Klagen anhören. Das ist nicht fair! Dies trug nicht gerade zu meiner Entspannung bei. Warum tue ich das dann?

DER GEIST/KÖRPER-EFFEKT

Nach einem solchen Vorfall oder einem sonstigen anstrengenden Ereignis ist die Chance, dass Sie den restlichen Tag genießen können, relativ gering. Sie murren fortgesetzt über das, was geschehen ist. Sie entscheiden sich nicht zu klagen. Es geschieht einfach automatisch. In Ihrem Kopf laufen die Szenarien automatisch ab, ohne dass Sie sich darüber bewusst sind bzw. die Kontrolle darüber haben.

Auf die gleiche Weise baut sich Stress im Laufe des Tages auf. Die unbewusste Gegenwart stressiger Gedanken sorgt im Körper für Anspannung. Über den Geist/Körper-Effekt entsteht dadurch zusätzlicher Stress im Körper.

Atempause

Stellen Sie sich vor, Sie würden in eine Zitrone beißen.
Was spüren Sie? Welche Körperreaktionen bemerken Sie?
Dies ist der Geist/Körper-Effekt.

Da die Anspannung im Körper steigt, wird jede neue Erfahrung als unangenehm erlebt. Alles, was „mir" in den Weg kommt, wird als mögliches Hindernis betrachtet, das es eigentlich nicht geben sollte. Kampf, Eile und Ungeduld treten in den Vordergrund. Wie freundlich sind Sie noch, wenn Sie in Eile sind?

Oft geht es ziemlich weit, bevor wir es bemerken. Wir sind so sehr auf das konzentriert, was wir noch wollen und was wir noch tun müssen, dass wir nur unsere Wunschvorstellungen sehen und unseren erschöpften und angespannten Körper aus dem Blick verlieren.

AUFBAU VON STRESS

Wenn viel ansteht und vieles nicht erlaubt ist, dann wirbeln auch eine Menge Gedanken in unserem Kopf herum. Je geschäftiger wir sind, desto mehr Spannung bauen wir – auch körperlich – auf. Wir nehmen die Anspannung häufig so lange nicht wahr, bis es uns schlecht geht. Ein Zusammenbruch oder Burnout kann uns wachrütteln. Die Botschaft lautet dann eindeutig: „So kannst du nicht weitermachen".

Atempause

Innehalten und atmen.

Wir angespannt bin ich in diesem Augenblick?

Wie will ich weitermachen?

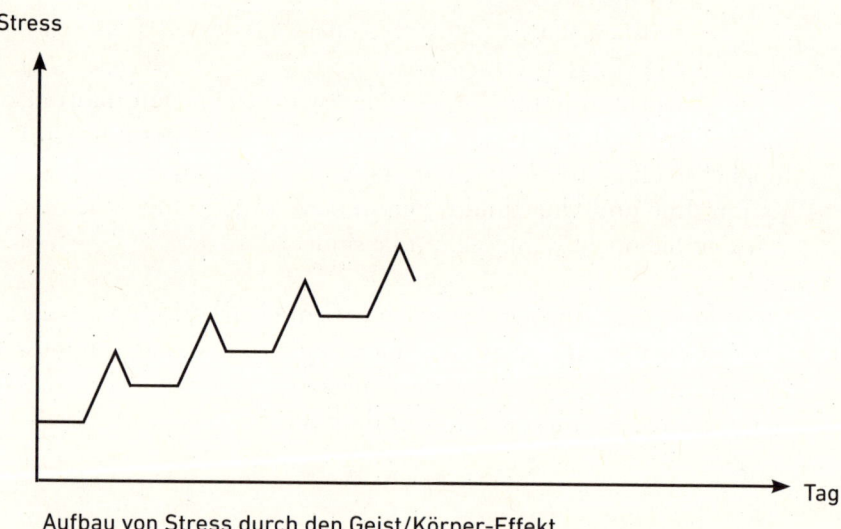

Aufbau von Stress durch den Geist/Körper-Effekt

VERZERRTE INTERPRETATIONEN

Weil wir immer mehr Spannung aufbauen, interpretieren wir die Welt und die alltäglichen Ereignisse durch die „Alles-ist-ganz-furchtbar-Brille". Auf diese Weise sehen wir nicht mehr, was tatsächlich hier und jetzt ist, sondern tragen die Vergangenheit in die Gegenwart. Unser Geist wiederholt alte, unangenehme Geschichten, und das färbt alles schwarz. Der gegenwärtige Augenblick wird als mühsam oder unzulänglich erlebt. Wir sind uns jedoch nicht bewusst, dass wir mit unseren Gedanken unbewusst die Vergangenheit in die Gegenwart tragen.

Ralph berichtet

Ich stellte fest, dass mein Eindruck, an bestimmten Tagen wären mehr dämliche Autofahrer unterwegs als an anderen, etwas mit mir zu tun hat. Je mehr ich unter Stress stehe, desto intoleranter bin ich. Das Verkehrsgeschehen gab mir jede Menge Entschuldigungen an die Hand, um meinen Unmut an allem und jedem auszulassen.

Durch das Achtsamkeitstraining hat sich für mich etwas gedreht. Ein hilfreicher Vorschlag für die zweite Woche lautete, rote Ampeln für eine Atempause zu nutzen. Dadurch sank meine Stresskurve. Ich fuhr an rote Ampeln nicht mehr mit einem „Oh, nein!" heran, sondern mit einem „Wie gut – eine Möglichkeit zum Ausruhen". Besonders bemerkenswert war dabei, auf diese Weise feststellen zu dürfen, dass Ampeln tatsächlich auch hin und wieder grün sind.

Ich beeile mich auch weniger, da es sowieso keinen Unterschied macht – mit Ausnahme des Stresses. Die Zeit, die ich durch das Beeilen gewinne, verliere ich durch die geringere Lebensqualität wieder.

Eine Atempause einlegen hilft

Die Atempause hilft, eine neue Perspektive einzunehmen. Wir erkennen, wie unsere Wahrnehmung durch unsere Emotionen gefärbt ist, und übernehmen die Verantwortung dafür.

Es ist nicht immer leicht, mitten in einem schwierigen Moment eine Atempause einzulegen. Es bedarf entschiedener Stärke, um sich nicht von den Wellen der Verurteilung und des Ärgers davontragen zu lassen.

Dennoch ist es das wert. Sie geben damit auch Ihrer leisen, sanften Stimme Raum. Inmitten von Stress und Chaos ist diese Stimme oft nicht hörbar.

Es gibt eine sanfte
und eine harte innere Stimme

Je mehr wir uns beeilen und je mehr wir tun „müssen", desto lauter ist es in unserem Kopf. Die harte Stimme ist laut und will alles Mögliche, das es gerade nicht gibt. Es muss immer etwas getan werden. Die harte Stimme beschäftigt sich mit dem, was sein sollte, und ist nicht an dem interessiert, was bereits gut ist. Es gibt immer etwas zu kritisieren.

In der Stille können wir die leise, sanfte Stimme hören. Die sanfte Stimme ist damit einverstanden, wie es jetzt ist. Die sanfte Stimme ist im Frieden mit dem gegenwärtigen Augenblick. Die sanfte Stimme würdigt das, was bereits da ist.

Aus der Stille können Sie die Welt sehen, wie sie ist. Stille ist frei von Bewertung und Verpflichtungen. Stille erlaubt Ihnen, angesichts der Realität von Glück und Schmerz, Freude und Trauer, Hoffnung und Verzweiflung zu entspannen. Sie können jederzeit mit der Stille, die alles trägt und alles umfängt, in Kontakt treten.

Die Stille ist immer da. Sie wird oft nicht wahrgenommen, da unsere Aufmerksamkeit vom Lärm und den Gedanken völlig in Anspruch genommen wird. Lärm entsteht aus der Stille und löst sich wieder in die Stille auf. Unter dem Lärm und den Gedanken können Sie diese Stille spüren – vorausgesetzt, Sie hören hin.

Stille wird erlebbar, wenn Sie innerlich ruhig werden und hören. Indem Sie der Stille lauschen, kommen Sie in Kontakt mit der Stille in Ihnen. Stille ist offen und empfänglich. Sie *ist* einfach, ohne Bewertung. Sie ist da, frei und lebendig. Sie ist Raum. Dies sind die Qualitäten von Bewusstheit.

Reflexion

Wie werden Sie täglich für mehr Stille und Raum sorgen? Eine Gehmeditation am Morgen ist eine ausgezeichnete Möglichkeit zum Entschleunigen.

Wenn der japanische Kaiser Hirohito reiste, war sein Tag minutiös geplant. Eines Tages sollte er sich mit einer Abordnung von Mönchen treffen, um zusammen exakt zehn Minuten lang einen buddhistischen Tempel zu besuchen.

Der Kaiser und sein Gefolge betraten den Tempel pünktlich zur vereinbarten Zeit, doch der Tempel war leer und die Mönche waren nirgends zu finden. Der für den Terminplan des Kaisers zuständige Bedienstete machte sich fieberhaft auf die Suche nach der Abordnung und entschuldigte sich zwischendurch schnell und in Panik immer wieder wegen deren Abwesenheit, doch der Kaiser stand einfach in der Mitte des Platzes und sagte kein Wort.

Auf dem Weg aus dem Tempel sagte Hirohito zu seinem Bediensteten: „Ich habe dieses Treffen sehr genossen. Bitte vereinbaren Sie für morgen einen weiteren Termin."

Wenn wir die Stille verlieren,
verlieren wir uns selbst.

Wer sich selbst verliert,
verliert seine Beziehung zur Welt.

Die Atempause erlaubt es uns,
Augenblicke der Stille in unser Leben einzuladen.

Stille urteilt nicht.

In der Stille kann natürliche Entspannung entstehen.

Wie viel Raum gewähren Sie der Stille?

2. Bei Stress Atempausen einlegen

Es ist wichtig zu verstehen, wie sich Stress manifestiert. Ihre Stimme kann sich ändern, Sie können sich angespannt fühlen oder Herzklopfen verspüren, Ihre Gefühle oder Ihr Denken können sehr unruhig werden. Ihre Kreativität und Entschlussfreudigkeit lassen nach. Vielleicht schlafen Sie weniger gut oder fühlen sich von den Menschen um Sie herum gestört. Sie jammern und klagen und verurteilen alles und jeden.

Manchmal reagieren Sie ohne ersichtlichen Grund emotional oder Sie stumpfen ab. Sie verlieren das Interesse an anderen und isolieren sich völlig. Sie können sich nicht länger freuen. Sie kommen morgens nicht aus dem Bett. Auch zwanghaftes Essen, Rauchen und Trinken können Anzeichen von Stress sein.

Wenn Sie Ihre ganz persönlichen Signale erkennen, können Sie Ihre Reaktion auf die Herausforderungen des Lebens bewusst lenken. Sie brauchen dann nicht mehr mit konditioniertem Kampf- oder Fluchtverhalten zu reagieren und anderen die Schuld zu geben, indem Sie sie beschimpfen, verurteilen oder sich beklagen. Sie können stattdessen die Verantwortung dafür übernehmen, wie Sie mit dem umgehen wollen, was Sie jetzt fühlen.

Woran erkenne ich, dass ich eine Atempause benötige?

....

....

....

....

In welcher Situation entscheide ich mich jetzt, eine Atempause einzulegen?

....

....

....

Stressreaktion bei „störenden" Geräuschen

Halten Sie an den idealen Meditationsbedingungen von „ruhig und friedlich" fest? In der Realität wird es meistens irgendwo irgendeine Art von Lärm geben. Es geht nicht darum, Geräusche beim Meditieren auszuschließen, sondern eher darum zu erfahren, mit welchen Mustern wir auf etwas reagieren, das nicht nach unseren Wünschen verläuft. Die Einsichtsmeditation lehrt uns zu erkennen, wie wir unangenehme Erfahrungen noch unangenehmer machen. Wenn wir in dem Moment, in dem Stress entsteht, wahrnehmen, wie er sich aufbaut, können wir ihn loslassen. Betrachten Sie folgende Kurven:

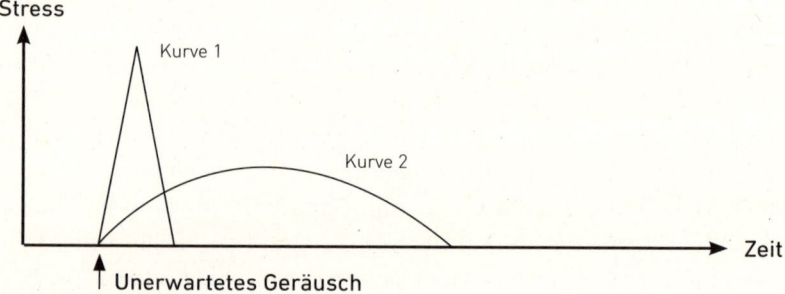

Kurve 1: Die Stresswirkung bei jemandem, der gelernt hat, bei störenden Geräuschen nicht zu reagieren, sondern loszulassen.
Kurve 2: Stressaufbau bei jemandem, der sich in seinen Reaktionen oder Bewertungen verliert.

Jemand, der gerade erst zu meditieren begonnen hat oder keine Meditationserfahrung besitzt, verliert sich leicht in Bewertungen, wenn er unerwünschte Geräusche wahrnimmt. Dann nehmen die Gedanken ihren Lauf: „Das Geräusch nervt. Es sollte ruhig sein. Die machen das absichtlich." Solche gedanklichen Reaktionen auf Geräusche verstärken nur die Anspannung und den Stress. In der Meditationspraxis lernen wir, zum Beispiel Geräusche anzunehmen und loszulassen. Bewertungen werden als „Denken" wahrgenommen, und dann richten wir unsere Aufmerksamkeit wieder auf den gegenwärtigen Augenblick, d. h. auf unseren Atem oder die Wahrnehmung von Anspannung oder das Geräusch in seiner vollen Lautstärke.

3. Stille und Geräusche

Die Welt der Geräusche ist eine schöne Welt. Denken Sie an Musik von Bach oder Symphonien von Beethoven, oder an ein wunderbares Rockkonzert, falls Sie dies mehr anspricht. Geräusche können auch eine Quelle für Stress sein. Denken Sie an die Momente, in denen Sie Ruhe gebraucht hätten und stattdessen viel Lärm ausgesetzt waren.

Als Student habe ich Lärm gehasst. Ich brauchte Ruhe und Frieden. Das Studentenleben ist jedoch kaum jemals ruhig. Irgendeiner macht immer Lärm oder hört Musik. Für mich war das frustrierend. Mittlerweile habe ich gelernt, wie ich mit Geräuschen umgehen und sie zulassen kann, ohne gereizt oder wütend zu werden.

Wie machen wir das?

Stellen Sie sich vor, Sie hätten gerade in einer lauten Umgebung meditiert und ich würde Sie fragen, welche Geräusche Sie gehört hätten. Sie würden wahrscheinlich sagen: „Ein Auto, Kirchenglocken, ein Flugzeug, ein weinendes Kind." Aber haben Sie dies tatsächlich gehört oder haben Sie dies gedacht? Sie *hören* „Bim-Bam" und *denken* „Glocken". So funktioniert der Verstand.

Das Hören von Geräuschen ist mit einer Orientierungsreaktion verbunden. Wenn mein zweijähriger Sohn am Tisch sitzt und „brumm, brumm" hört, streckt er seinen Finger in die Luft und sagt „Auto". Dabei wird er vor seinem geistigen Auge ein Auto sehen. Diese Reaktion ist ziemlich unbewusst und konditioniert. Auf diese Weise formen wir nicht nur Gedanken und Bilder, wenn wir Geräusche hören, sondern auch Bewertungen und Reaktionen wie ein gereiztes Verhalten.

Beobachten Sie ab jetzt jedes Mal, wenn Sie ein Geräusch hören, wie Sie es in Gedanken, Bilder oder Gefühle verwandeln. Sobald Sie es wahrgenommen haben, lassen Sie es los und konzentrieren Sie sich auf die reine Qualität des Geräusches. Es kann einige Zeit dauern, bis Sie diese Fähigkeit erlernt haben.

In der Tiefe des Winters
erfuhr ich,
dass in mir
unbesiegbarer Sommer war.

Albert Camus

4. Schmerz gehört zum Leben

Du kannst die Wellen nicht stoppen,
aber du kannst lernen, sie zu reiten.

Schmerz gehört zum Leben. Es gibt Menschen, die seit langem mit immer wiederkehrenden körperlichen Beschwerden oder Schmerzen leben. Dies kann das Leben stark beeinträchtigen oder sogar überwältigend sein. Es kann sein, dass Sie sich aus dem sozialen Leben zurückziehen und weniger Freunde haben. Ihr Leben kann von Traurigkeit oder Frustration geprägt sein, weil Ihre Träume und Ziele unerreichbar scheinen. Sie fühlen sich einsam oder sogar depressiv und die Welt kann sinnlos wirken.

Und doch muss dies nicht so sein. Wir können unsere Schmerzen und unsere Reaktion auf den Schmerz intensiver wahrnehmen. Dies nennen wir Leiden. Weder Schmerz noch Leid lassen sich vermeiden. Wenn wir glauben, völlig frei von Leiden sein zu können, dann verurteilen wir uns möglicherweise, wenn wir leiden.

Atempause
Innehalten und atmen.
Fühlen Sie sich jetzt gerade eher wohl oder eher unwohl?
Atmen Sie in dieses Gefühl hinein und lassen Sie es los.

SCHMERZ UND LEID

Leiden entsteht,
wenn wir etwas nicht sehen.

Yung

Schmerz und Leid wollen gesehen werden. Diese Gefühle sind real, sie sind Teil dieses Moments und dafür kultivieren wir Annahme. Sie sind sowieso da. Das heißt aber nicht, ins Klagen zu verfallen. Es ist bedauerlich, das stimmt. Es schmerzt, auch das stimmt. Es ist der Prozess des langsamen Annehmens, der es uns möglich macht, das Leiden nicht zu vergrößern.

Wenn wir dies akzeptieren, geht das Leben weiter. Die Praxis der Einsichtsmeditation hilft uns, diese automatischen Gewohnheiten zu erkennen, die unnötiges Leiden verursachen, und sie loszulassen, während wir uns auf das Hier und Jetzt konzentrieren. Auf diese Weise können wir den nächsten Augenblick selbst nach frustrierenden Erfahrungen würdigen. So können wir klar erkennen, was immer noch möglich und gut ist.

Nehmen Sie sich Zeit, um die folgenden Fragen zu beantworten. Wenn das Aufschreiben emotional aufwühlend ist, dann schreiben Sie in den folgenden vier Tagen jeden Tag 15 Minuten lang. Nehmen Sie Ihre Emotionen so wahr, wie sie sich zeigen. Diese Übung wirkt sich positiv auf die geistige und die körperliche Gesundheit aus.

DEM SCHMERZ UND DEM LEIDEN, DAS WIR JETZT SPÜREN, EHRLICH BEGEGNEN

* Was spüren Sie in Ihrem Körper? Versuchen Sie, das Empfinden von Schmerz, so gut es geht, zu beschreiben. Zum Beispiel: stark, brennend, pulsierend, stechend, ziehend etc.

....

....

....

* Welche Gefühle herrschen vor? Zum Beispiel: Frustration, Angst, Niedergeschlagenheit, Hilflosigkeit etc.

....

....

....

* Mit welchen Gedanken begegnen Sie Ihrer Erfahrung? Zum Beispiel: Ich hasse den Schmerz. Mein Leben ist vorbei.

....

....

....

* Welche Auswirkungen hat dies auf Ihre Arbeit, Aktivitäten, Hobbys, Unternehmungen mit der Familie etc.?

....

....

....

Meditieren bedeutet, dem Leben Raum zu geben.

Es ist das radikale Eintreten
für das, was ist,
ohne sich von sich selbst abzulenken –
selbst dann nicht, wenn es unangenehm ist.

Sie bleiben präsent,
Sie öffnen sich, Sie werden weich.

Dies erfordert oft Mut…
…den Mut des spirituellen Kriegers.

MIT SCHMERZEN MEDITIEREN

Sie können Ihr Leiden bekämpfen,
doch dadurch erzeugen Sie nur noch mehr Leiden.

In der Meditation können Sie an Ihrer Beziehung zum Schmerz arbeiten. Dies erfordert Mut, weil wir darauf konditioniert sind, vor dem Schmerz davonzulaufen. In der Meditation bewegen wir uns auf den Schmerz zu und bleiben bei ihm. Wir richten unsere Aufmerksamkeit auf den Bereich, in dem wir diese intensiven Empfindungen spüren, und schauen, ob wir uns dafür öffnen und weich werden können. Wir geben dem, was sich zeigt, so gut es geht, Raum.

Richten Sie Ihre nicht wertende Aufmerksamkeit darauf, wie es jetzt gerade ist. Seien Sie also präsent für das, was ist, ohne es gut oder schlecht zu finden, ohne mehr oder weniger zu wollen. Freundliche Präsenz macht manchmal einen Unterschied, manchmal auch nicht. Lassen Sie es in jedem Moment so sein, wie es ist.

Wenn der Schmerz Sie überwältigt und Sie nicht länger mit freundlicher Aufmerksamkeit bei Ihren Empfindungen bleiben können, besteht immer die Möglichkeit, Ihre Aufmerksamkeit wieder auf den Atem zu richten. Ihr Atem ist Ihr Anker. Mit dieser Übung können Sie selbst inmitten von Schmerz Frieden und Annahme finden.

Stellen Sie sich folgende Fragen

* Kann ich seit langem bestehende, wiederkehrende Schmerzen haben und dennoch nicht leiden?
* Wie kann ich unnötiges Leiden vermeiden?
* Kann ich Schmerzen haben und dennoch ein sinnvolles Leben führen?

*Durch das Meditieren kultivieren wir
eine nicht wertende Haltung.*

Die Einsichtsmeditation lehrt uns, dass unangenehme Gefühle durch Bewertungen und Reaktionen darauf aufrechterhalten und genährt werden. Wenn wir lernen, dieses Bewerten loszulassen, nehmen wir wahr, dass unangenehme Gefühle kommen und wieder gehen. Wir müssen nicht eingreifen. Sie sind wie vorüberziehende Wolken, genau wie angenehme Gefühle auch.

Wir kultivieren inmitten der unangenehmen Dinge, die uns das Leben so bietet, eine neue Beziehung zu unseren Gefühlen. Wir geben dem Raum, was ist, ohne zu versuchen, irgendetwas zu lösen, und ohne sofort zu handeln. Wir kommen unseren Gefühlen näher, würdigen sie und werden mit ihnen vertraut. Auf diese Weise können wir eine sinnvolle Antwort auf unser Leben und diese Welt finden, statt mit unseren Worten und Taten in automatische Reaktionsketten zurückzufallen. So können wir voll und ganz aktiv für diese Erfahrung, für diesen Moment präsent sein – den einzigen Moment, den wir haben.

Atempause
Innehalten und atmen.
Wie angespannt bin ich in diesem Moment?
Bleiben Sie bei dieser Empfindung, auch wenn sie unangenehm ist.

Schließlich wollen wir alle glücklich sein. Dies erfordert, dass wir das Leben voll und ganz erfahren – auch in den unangenehmen Momenten. Es ist wichtig, die Erfahrung in ihrer Ganzheit zu machen. Wir werden mit ihr vertraut. Wir atmen in sie hinein und geben ihr Raum. Wir öffnen uns, werden weich und kommen ihr näher. Wir erlauben ihr zu sein. Wir fühlen sie. Wir leugnen sie nicht und wir unterdrücken sie nicht. Wir erlauben ihr auch dann zu sein, wenn es Widerstand gibt. Wir atmen in Widerstände oder Hindernisse, die möglicherweise entstehen. Wir geben dem Raum.

DAS GESCHENK DES RAUMES

A *(Ein)*

Bigger *(größeres)*

Container *(Behältnis)*

Im Buch *Achtsamkeit. Der Weg zu innerer Freiheit* habe ich im ersten Kapitel eine Dankbarkeitsübung vorgestellt, die dazu dient, die positiven Seiten des Lebens zu würdigen. Neben dieser Übung gibt es eine weitere Möglichkeit, wie wir dem mehr Raum geben können, was sich in der Meditation zeigt. Dies sind die so genannten ABC-Übungen.

ABC-MEDITATIONSÜBUNGEN

1. Lassen Sie sich darauf ein, zu hören und in das zu entspannen, was sich zeigt. Sie können Geräusche weder vermeiden noch ändern. Was da ist, ist da. Bekämpfen nützt nichts. Bleiben Sie beim wahrnehmenden Hören. Lauschen Sie nichts anderem als den Geräuschen und der Stille und öffnen Sie einen Raum in sich, in dem die Geräusche kommen und gehen. Wenn Sie bemerken, dass Sie sich anspannen, kehren Sie einfach wieder zu der offenen Leichtigkeit des Hörens zurück.

2. Sitzen Sie und blicken Sie mit einem weiten und offenen Blick in den Raum vor sich. Ihr Gesichtsfeld verengt sich, sobald Anhaftung geschieht. Öffnen Sie Ihr Gesichtsfeld wieder. Nehmen Sie wahr, wie es ist, in wachem „Nicht-Tun" zu ruhen.

3. Lassen Sie sich auf die Wahrnehmung des Raumes ein, des Raumes vor Ihnen, links von Ihnen, hinter Ihnen, rechts von Ihnen und schließlich des Raumes um Sie herum. Können Sie damit in Kontakt bleiben, wie sich der Raum anfühlt? Nehmen Sie wahr, wie er sich verengt, sobald Sie einem Gefühl, einem Ereignis, einem Gedanken anhaften.

Raum im Leben
Was sehen Sie, wenn Sie diese
Zeichnung betrachten?

Vögel...
oder den Himmel mit Vögeln darin?

Betrachten Sie eine Wolke.
Können Sie auch den Himmel sehen?
Nehmen Sie den größeren Raum wahr.

Betrachten Sie einen Menschen.
Können Sie auch seinen Schmerz
und seine Leidenschaft sehen?
Seine Träume und sein Bedauern?

Betrachten Sie Ihr Leben.
Können Sie dankbar sein für das,
was es Ihnen schenkt?

Die drei Grundlagen der Meditation

ERKENNEN

„Was ist jetzt da?"
Nehmen Sie wahr, was in diesem Moment da ist.
Dazu bedarf es offener und neugieriger Aufmerksamkeit.

BEOBACHTEN, OHNE ZU REAGIEREN

„Ändert es sich oder bleibt es gleich?"
Nehmen Sie wahr, ob sich Ihre Empfindungen ändern.
Vielleicht nehmen Sie eine Änderung
der Intensität oder Art wahr.

ENTSPANNEN

„Kann ich bewusst davon ablassen?"
Lassen Sie geschehen, was geschehen will,
denn es geschieht sowieso.
Hören Sie auf zu kämpfen, geben Sie Raum.
Lassen Sie zu, lassen Sie los.
Diese Haltung der Öffnung schafft eine
freundliche Beziehung zu dem, was ist.

Diese Übung ist eine Variante des Body Scans, mit der wir den Umgang mit starken körperlichen Schmerzen lernen. Setzen oder legen Sie sich hin und richten Sie Ihre Aufmerksamkeit auf Ihren Körper: Kopf, Brust, Bauch, Rücken, Arme, Beine und dann den ganzen Körper. Seien Sie Ihres ganzen Körpers, so gut es geht, gewahr, während Sie das Ein- und Ausatmen spüren. Wenn Ihr Geist umherzuwandern beginnt, stellen Sie sich folgende Frage: *Was ist jetzt hier?* Mithilfe dieser Frage können Sie Ihre Aufmerksamkeit auf den gegenwärtigen Augenblick richten.

Erlauben Sie Ihrem Bewusstsein nun, sich „frei zu bewegen". Wenn irgendwo eine intensive Empfindung auftaucht, schenken Sie ihr Ihre nicht wertende, ungeteilte Aufmerksamkeit. Erforschen Sie Ihre Empfindung in allen Einzelheiten mit dem lebhaften Interesse eines Wissenschaftlers. *Wie genau zeigt sich dieser Schmerz? Ist er pulsierend? Pochend? Drückend? Beschränkt er sich auf eine Stelle oder wandert er umher?* Versuchen Sie herauszufinden, ob er seine Form ändert – auch wenn es nur wenige Millimeter sind. Wenn Sie keine Änderungen feststellen können, ist auch das okay. Es geht hier vor allem um das Erforschen.

Bewerten Sie die Stärke Ihres Schmerzes nun auf einer Skala von 1 bis 10. Können Sie angesichts der gewählten Zahl entspannen? Es macht keinen Sinn, das Unbehagen zu bekämpfen. Dies verstärkt nur den Schmerz. Lassen Sie ihn los. Um den Schmerz bis zu einem gewissen Grad anzunehmen, kann es hilfreich sein, wenn Sie sich sagen: „Er wird nie aufhören". Arbeiten Sie auf diese Weise mit Empfindungen unterschiedlicher Intensität. *Öffnen Sie sich und werden Sie weich für das, was jetzt hier ist.* In der Achtsamkeitspraxis kultivieren wir ein nicht wertendes, nicht reagierendes Gewahrsein jeder Erfahrung, die sich zeigt – selbst dann, wenn sie unangenehm ist. So können wir in diesem Moment Frieden erfahren.

Atempause

Innehalten und einer Anspannung gewahr sein.
Spüren Sie einen Widerstand oder können Sie mühelos
in die angespannte Stelle hineinatmen?
Können Sie ihr Zeit und freundliche Aufmerksamkeit schenken?

5. Meditation mit dem Körper und mit Geräuschen

Setzen Sie sich so auf einen Stuhl oder auf den Boden, dass Ihr Rücken gerade ist. Sie können die Augen schließen. Ihre Haltung sollte Wachheit ausdrücken und Sie sollten während der Übung nicht in sich zusammensacken. Lassen Sie Ihre Hände in Ihrem Schoß ruhen.

Wir richten unsere Aufmerksamkeit auf den Atem...

Wir richten unsere Aufmerksamkeit auf den Unterbauch und lassen uns auf die Wellen des Atems ein. Lassen Sie Ihren Atem tun, was er tut – Sie müssen ihn in keinster Weise kontrollieren. Lassen Sie den Atem einfach geschehen. Sie müssen nichts erreichen. Wenn Gedanken kommen, lassen Sie sie einfach ziehen.

Nehmen Sie die Pausen zwischen dem Einatmen und dem Ausatmen sowie vor und nach dem Einatmen bzw. Ausatmen wahr.

Seien Sie der Gefühle gewahr, die jeden Atemzug begleiten. Manchmal werden sie als neutral erlebt, manchmal aber auch als angenehm und manchmal als unangenehm. Versuchen Sie, zu diesen Erfahrungen eine nicht wertende Beziehung aufzubauen.

...und dehnen unser Gewahrsein auf den ganzen Körper aus.

Dehnen Sie Ihr Gewahrsein aus, so dass Sie Ihren ganzen Körper spüren können, während Sie Ihren Atem weiterhin wahrnehmen. Sie können sich dabei auf die Körperkonturen konzentrieren. Das sich ändernde Muster der Empfindungen in Ihrem ganzen Körper steht nun im Vordergrund Ihrer Wahrnehmung.

Wir können uns auf eine bestimmte Stelle konzentrieren...

Sie können sich auf die körperlichen Empfindungen an einer bestimmten Stelle konzentrieren. Nehmen Sie zum Beispiel den Kontakt Ihrer Füße mit dem Boden wahr. Was fühlen Sie in diesem Moment? Oder den Kontakt Ihres Gesäßes mit dem Stuhl, dem Kissen oder der Matte. Nehmen Sie Ihre Hände wahr, die auf Ihren Oberschenkeln oder aufeinander liegen.

Nehmen Sie all diese Empfindungen, Ihren Atem und Ihren ganzen Körper nun, so gut es geht, auf einmal in einem größeren Bewusstseinsraum wahr. Sitzen Sie im Bewusstsein eines atmenden Körpers.

Sitzen Sie. Seien Sie sich bewusst, dass Sie sitzen. Strahlen Sie eine gewisse Würde und Wachheit aus.

... dableiben, wenn es sich unangenehm anfühlt...

Sie werden feststellen, dass der Fokus Ihres Gewahrseins manchmal auf unangenehme Empfindungen in Ihrem Körper gerichtet ist. Sie können Ihre Aufmerksamkeit auf diese Empfindungen lenken und erforschen, wie sie sich anfühlen. Nehmen Sie einfach mit freundlicher, sanfter Aufmerksamkeit genau das auf, was gerade jetzt in Ihrem Körper präsent ist, und machen Sie sich damit vertraut. Es geht nicht so sehr darum, was Sie über Ihre Empfindungen denken, sondern darum, sie zu erforschen und vielleicht in sie hineinzuatmen.

... und die Reaktionen beobachten...

Ihre Aufmerksamkeit wird oft durch Bewertungen abgelenkt. Dies geschieht automatisch und unbewusst. Wenn Sie solch ein reaktives Denken bemerken, können Sie es freundlich als „oh ja, Denken" bezeichnen und Ihre Aufmerksamkeit dann wieder auf die wertfreie Erforschung der rein körperlichen Empfindungen richten.

Öffnen Sie sich sowohl für die angenehmen als auch für die unangenehmen Empfindungen. Kultivieren Sie eine akzeptierende Beziehung zum einfachen elementaren Gewahrsein des Reizes. Es geht darum, Ihre Erfahrung willkommen zu heißen und sie zuzulassen. Wenn Sie versuchen, die Erfahrung kleiner oder größer zu machen, entfernen Sie sich wieder von dem, was wirklich da ist.

Verspüren Sie ein Jucken oder ein Unbehagen, atmen Sie in diese Empfindung hinein, ohne darauf zu reagieren und ohne sich zu bewegen. Haben Sie einen Bewegungsimpuls, nähern Sie sich ihm mit unverwandter Aufmerksamkeit. Wenn Sie sich bewegen und Ihre Position verändern, dann tun Sie dies langsam und achtsam und so, dass es Teil der Meditation ist.

Wir dehnen unsere Aufmerksamkeit in den Raum aus...

Stimmen Sie Ihr Gewahrsein auf das Hören ein und machen Sie sich empfänglich dafür, wie sich die Welt in den Geräuschen zeigt. Und wenn Sie etwas hören, lassen Sie sich auf die sensorische Wahrnehmung des Geräusches ein, ohne ihm Bedeutung beizumessen.

Wenn Sie bemerken, dass Sie deuten oder bewerten, betrachten Sie dies als Teil Ihrer Erfahrung und richten Sie Ihr Gewahrsein dann absichtsvoll und wach wieder auf das eigentliche Geräusch.

Nehmen Sie die Geräusche wahr und den Raum zwischen den Geräuschen, die Stille von Moment zu Moment, die Stille, die alles hält und umfängt.

6. Tägliche Übungen

1. Sitzmeditation

Körper und Geräusch. Praktizieren Sie täglich 30 Minuten lang. Schreiben Sie nach der Übung jedes Mal Ihre Reaktionen auf und lesen Sie sie dann nach einer Woche noch einmal durch. Was können Sie daraus lernen? Lesen Sie im Buch *Achtsamkeit. Der Weg zu innerer Freiheit* dazu auch die Erläuterungen zu den vier Einsichten im Kapitel „Heilsames Gewahrsein (Achtsamkeit)".

Beschreiben Sie Ihre Meditationserfahrung

....

....

....

....

....

2. Atempausen

Legen Sie sie in Momenten ein, in denen Sie angespannt sind oder wenn Sie das Gefühl haben, sich selbst zu überholen. Achten Sie insbesondere auf Anspannungen in Ihrem Körper. Atmen Sie in sie hinein.

Beschreiben Sie eine Situation, in der Sie eine Atempause eingelegt haben. Was haben Sie gespürt? Was haben Sie gedacht? Wie ging es Ihnen nach der Atempause?

....

....

....

....

3. Mini-Übungen
Was wollen Sie in dieser Woche üben?

> Ich mache täglich eine ABC-Übung, für die ich mir jedes Mal fünf Minuten Zeit nehme.
>
> Ich widme mich täglich einige Minuten lang dem Hören, wobei ich aktiv passiv bin: Ich höre, mache aber nichts mit dem, was ich höre. Ich nehme freundlich wahr.
>
> Ich nehme mir täglich ein paar Minuten für achtsames Gehen und Stehen.

Welche Erfahrungen haben Sie mit der gewählten Übung gemacht?

....

....

....

....

4. Reflexion
Wer werde ich, wenn ich gestresst bin?

....

....

Kann ich mich für die sanfte Stimme entscheiden, wenn ich sehr gestresst bin?

....

....

Alles Gute für diese Woche!

Willkommen zu Woche 5

Gedanken und Gefühlen gewahr sein

*Das **Jetzt** zulassen*
ohne in Opposition zu gehen

1. Die Welt der Gedanken

„Ich denke, also bin ich."

Descartes

Der Wohlstand unserer westlichen Gesellschaft beruht immer noch weitgehend auf dem Denken. Wir bauen Häuser, stellen Computer her und machen gewaltige technologische Fortschritte. Das alles haben wir dem Denken zu verdanken. Alles geht viel schneller und es gibt zahllose neue Möglichkeiten. All dies gipfelt in Descartes' Erkenntnis: „Ich denke, also bin ich". Kein einziger Ausspruch ist so bekannt.

Trotzdem sind die Menschen in den Kulturen, deren Errungenschaften so sehr auf dem Denken beruhen, nicht glücklicher. Die Ziele und Erwartungen sind sogar noch höher gesteckt: Wir wollen es nicht jetzt, wir wollen es gestern. Wir haben uns in einem nicht aufzuhaltenden Strom von Gedanken eingerichtet. Wir denken und denken und denken noch mehr: Erinnerungen, Pläne, Sorgen, Absichten, Ideale etc. In der ersten Woche erkannten wir, wie sehr wir von einem fast nicht abreißenden Strom von Gedanken überschwemmt werden, der außerhalb unseres vollen Bewusstseins liegt. Diese Gedankenmühle treibt uns vorwärts und hindert uns daran, den Moment in seiner ganzen Fülle zu erleben. Dies fällt uns noch nicht einmal auf, weil wir so sehr auf etwas Späteres, Früheres oder das Nächste fokussiert sind.

Außerdem machen wir uns Gedanken über die zahllosen Möglichkeiten, die niemals eintreten. Denken Sie nur an die weisen Worte des alten Mark Twain, der sagte, dass sein Leben voller Probleme war, von denen die meisten nie eintraten. Darum ist es so wichtig, unsere Gedanken kennen zu lernen und zu lernen, wie wir klug mit ihnen umgehen können.

Gedanken können die unterschiedlichsten Formen annehmen. Manchmal sind sie leicht und positiv, in Momenten des Stresses oder der Niedergeschlagenheit werden sie jedoch oft als negativ und beklemmend erlebt. Solche Gedanken können die Stimmung noch mehr drücken. Daher sollten Sie darauf achten, wann derartige automatische Gedanken auftreten, damit Sie entscheiden können, welchen Gedanken Sie nachgehen wollen und welchen nicht. Gedanken sind der Auftakt zu Worten und Taten und können Ihre Emotionen stark beeinflussen. Wir nehmen uns jetzt Zeit, um einen genaueren Blick auf diese Gedanken zu werfen. Indem Sie sie aufschreiben, wird ihr Einfluss bereits geschmälert und Ihre Fähigkeit gestärkt, sie nüchtern zu betrachten. Dadurch lernen Sie, diejenigen Gedanken schneller zu erkennen, die zum Stress beitragen.

Wir können sie beobachten, ohne in ein sich hochschaukelndes Drama *einzusteigen*. So können wir Stress verursachende *Gedanken-Gefühlsspiralen* loslassen, statt sie *weiter zu nähren*. wir einen Gedanken erkennen, richten wir die Aufmerksamkeit wieder auf unseren Körper und den gegenwärtigen Augenblick.

Stress erzeugende Gedanken

Welche Gedanken herrschen vor, wenn Sie gestresst und angespannt sind? Denken Sie einen Moment darüber nach. Kommt „ich muss", „immer" und „nie" dabei vor? Kennen Sie zwanghafte Gedanken wie „Es muss wie immer perfekt sein"?

Was können Sie nicht ertragen? Schreiben Sie es auf und betrachten Sie es mit Humor („meine Nörgel-Seifenoper"). Es können auch Urteile über Sie selbst, über andere oder über das Leben sein.

Wenn Magersucht, Angst, zwanghafte Gedanken, Schmerzen oder eine Erkrankung Sie belasten, können Sie die Stress verursachenden Überzeugungen zu diesem Zustand aufschreiben.

Meine emotionalen Gedanken kennen lernen

Viele Emotionen haben jede Menge an Gedanken und Verurteilungen im Schlepptau. Auch in schwierigen Beziehungen zu anderen tauchen oft Gedanken auf, die nicht bewusst wahrgenommen werden, jedoch viel Stress erzeugen.

Erinnern Sie sich an eine Situation, in der Sie zum Beispiel ärgerlich waren oder jemanden verachtet haben. Welche Gedanken zeigten sich oder sind vielleicht immer noch da? Schreiben Sie sie auf. Wählen Sie mindestens drei emotionale Situationen, die mit anderen Menschen zu tun hatten. Es geht nicht darum, ob die Gedanken richtig oder falsch sind. Wir wollen sie einfach nur kennen lernen. Was wir nicht erkennen, überwältigt uns oft. Allein durch das Aufschreiben ändert sich unsere Beziehung zu den Gedanken, so dass mehr Raum entsteht. Sobald wir sie anerkannt haben, können wir uns neu entscheiden.

Situation:

....

Gefühl:

....

....

Gedanken:

....

....

Körper:

....

....

157

Düstere Gedanken

Hier ist eine kurze Liste mit Gedanken, die gewöhnlich auftreten, wenn wir niedergeschlagen sind. Lesen Sie sich die Liste durch und geben Sie auf der Skala von 0 bis 4 an, wie sehr die Aussagen Ihrer Überzeugung nach wahr sind, wobei 0 bedeutet, dass sie überhaupt nicht zutreffen, und 4, dass sie voll und ganz zutreffen. Geben Sie auf der anderen Seite an, wie häufig die Gedanken in der letzten Woche auftraten, wobei 0 „fast nie" und 4 „fast immer" bedeutet.

Trifft zu / trifft nicht zu					Gedanken	Häufigkeit				
0	1	2	3	4	1. Keiner will etwas mit mir zu tun haben.	0	1	2	3	4
0	1	2	3	4	2. Ich bin ein schlechter Mensch.	0	1	2	3	4
0	1	2	3	4	3. Niemand versteht mich.	0	1	2	3	4
0	1	2	3	4	4. Ich habe andere enttäuscht.	0	1	2	3	4
0	1	2	3	4	5. Damit kann ich nicht mehr umgehen.	0	1	2	3	4
0	1	2	3	4	6. Ich wünschte, ich wäre ein besserer Mensch.	0	1	2	3	4
0	1	2	3	4	7. Ich bin solch ein Schwächling.	0	1	2	3	4
0	1	2	3	4	8. Mein Leben ist nicht so, wie ich es mir wünsche.	0	1	2	3	4
0	1	2	3	4	9. Ich kann das nicht mehr aushalten.	0	1	2	3	4
0	1	2	3	4	10. Ich bringe das nicht zusammen.	0	1	2	3	4
0	1	2	3	4	11. Ich bin wertlos.	0	1	2	3	4
0	1	2	3	4	12. Ich wünschte, ich könnte einfach verschwinden.	0	1	2	3	4
0	1	2	3	4	13. Mein Leben ist ein einziges Durcheinander.	0	1	2	3	4
0	1	2	3	4	14. Ich fühle mich so kraftlos.	0	1	2	3	4
0	1	2	3	4	15. Das schaffe ich nie.	0	1	2	3	4

Solche Gedanken werden oft als vernichtende Wahrheiten empfunden, wenn wir niedergeschlagen sind. Einige Menschen, die diese Übung gemacht haben, waren erstaunt, dass sie solche depressiven Gedanken als die reine Wahrheit empfunden haben. Es ist wichtig zu erkennen, wie stark unsere Stimmung unsere Gedanken und Deutungen beeinflussen kann.

Schauen Sie sich das Gefühl an, das Sie am besten kennen. Nehmen Sie sich Zeit, um herauszufinden, welche Glaubenssätze damit verbunden sind, und um zu lernen, das Gefühl als eine Empfindung in Ihrem Körper willkommen zu heißen.

Ich kann nicht glücklich sein, weil …

....

....

....

....

....

....

....

Begrenzende Gedanken

Die nachstehende Abbildung zeigt vier unangenehme Grundgefühle, die oft von einem Strom von Gedanken begleitet werden. Die wichtigste Fixierung, die zum Fortbestehen einer Emotion beiträgt, besteht darin, mehr Freude und weniger Schmerz erleben zu wollen. Es lohnt sich, sich einige Zeit mit dieser Abbildung zu beschäftigen und zu erforschen, was Sie davon abhält, „jetzt" glücklich zu sein.

Emotionen müssen nicht unbedingt erklärt oder verstanden, sondern vielmehr durchlebt und erfahren werden. Dennoch kann eine klare Einsicht in die damit verbundenen Gedanken und Fixierungen hilfreich sein, da sie diese Emotionen häufig nähren.

Sehnsucht „denkt" zum Beispiel, dass es einen anderen Menschen braucht, um glücklich zu sein. Sehnsucht hat einen bittersüßen Geschmack: süß, weil sie ein Versprechen in die Zukunft ist, und bitter, weil jetzt etwas fehlt. Traurigkeit denkt, dass sie nicht glücklich sein kann, weil sie etwas Schönes verloren hat. Wut denkt, dass sie nicht glücklich sein kann, weil etwas geschehen ist, das nicht geschehen dürfte. Und Angst?

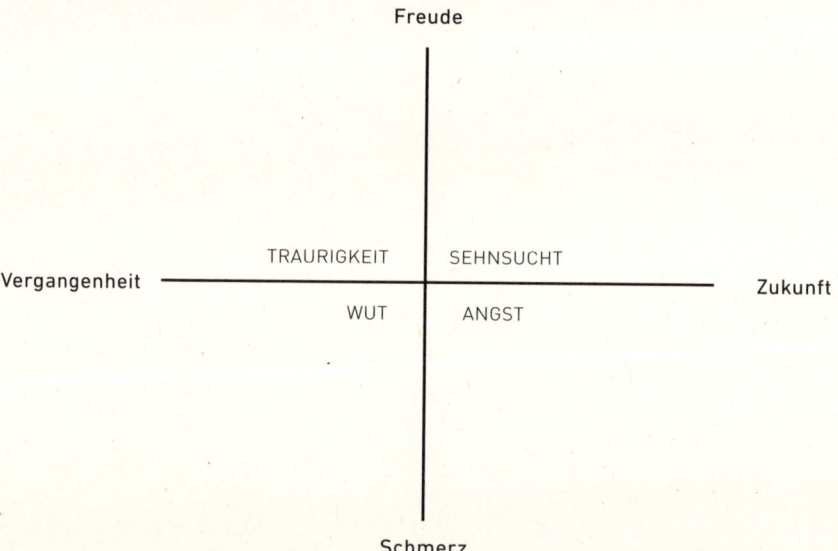

160

Es ist wichtig, der Erfahrung des Denkens
Zeit und Aufmerksamkeit zu schenken.
So können wir es erkennen und kennen lernen,
um dann mit Bedacht und Weisheit damit umzugehen.

Gedanken sind die Wegbereiter aller Dinge
So, wie die Gedanken sind, wird die Welt

Buddha

Zwanghafte oder wertende Gedanken können sich negativ auf die Stimmung auswirken. Daher könnte man annehmen, dass wir diesen Gedanken den Kampf ansagen sollten. Wir glauben, sie ändern zu müssen oder nicht haben zu dürfen. Das klingt zwar nachvollziehbar, ist aber ziemlich unrealistisch.

Negative Gedanken lassen sich nicht vermeiden. Das Leben kann manchmal sehr hart sein: Verlust der Arbeitsstelle, Trennung vom Partner, unerwarteter Tod eines nahe stehenden Menschen etc. Düstere Gefühle sind natürlich und entstehen einfach. Diese Gefühle bringen jede Menge düstere Gedanken mit sich. Wenn wir diese Gedanken verurteilen, stärken wir wiederum nur die unangenehmen Gefühle.

Wie können wir also klug mit solchen Gedanken umgehen?

Wir lernen, die Gedanken als einen Prozess zu betrachten, statt uns auf den jeweiligen Inhalt der Gedanken zu konzentrieren. Das Denken besteht immer aus zwei Teilen: dem Inhalt des Gedankens und dem Prozess des Denkens. Wir sind meistens mit dem Inhalt beschäftigt: „Das sollte sein, das muss sein, das darf nicht sein etc.". Durch solche Gedanken entsteht leicht Stress.

Wir können jedoch aus dieser Versenkung auftauchen und unser Gewahrsein auf die Tatsache richten, dass wir es mit einem Strom von Gedanken oder Bildern zu tun haben. *Wir wenden uns dem Denken als einem Prozess mit nicht wertender, freundlicher Aufmerksamkeit zu.* diese Weise hören wir auf, unsere negativen Gedanken als falsch oder schlecht zu verurteilen, so dass sie keinen Einfluss mehr auf unsere Gefühle, Worte und Taten haben.

Atempause
Innehalten und atmen.
Seien Sie zu aufkommenden Gedanken so freundlich, wie es Ihnen möglich ist.
Tun Sie dies 1 Minute lang. Das ist alles.

Umgang mit Gedanken

1. Aufkommenden Gedanken mit Achtsamkeit begegnen
Schließen Sie Ihre Augen und richten Sie Ihre Aufmerksamkeit auf die Wellen Ihres Atems. Erlauben Sie sich, ganz im Hier und Jetzt zu sein, ohne etwas tun zu müssen. Bleiben Sie Ihres atmenden Körpers gewahr.

Öffnen Sie Ihre Wahrnehmung nun für Ihre Gedanken. Warten Sie einfach mit sanfter Neugierde. Wenn Gedanken aufkommen, müssen Sie sie nicht ändern. Erleben Sie einfach, dass Sie denken. Wenn eine Welle von Gedanken aufkommt, begrüßen Sie sie mit einem gewissen Staunen: „Oh… Denken".

Lassen Sie einfach zu, dass es geschieht – ohne sich mit dem Inhalt der Gedanken zu beschäftigen. Kommen keine Gedanken an die Oberfläche, bleiben Sie einfach beim Atmen. Der Gedanke „Ich denke nichts" ist auch ein Gedanke.

> **Atempause**
> Innehalten und atmen.
> Betrachten Sie aufkommende Gedanken wie
> einen von Ihrem Geist geschaffenen Zeichentrickfilm.
> Heißen Sie alles, was sich zeigt,
> mit einem leichten inneren Lächeln willkommen.
> Denken Sie daran, dass es nicht darum geht,
> keine Gedanken zu haben.
> Begegnen Sie Ihrem Zeichentrickfilm mit Offenheit.

2. Gedanken benennen
Schließen Sie Ihre Augen und beschließen Sie, voll und ganz für aufkommende Gedanken bereit zu sein. Geben Sie allem, was sie bemerken, einen Namen – ohne es zu werten und ohne sich mit dem Inhalt der Gedanken zu beschäftigen. Gedanken nehmen oft die Form eines inneren Dialogs an. Sie können dies dann als „reden, reden …"

bezeichnen. Wenn die Gedanken in Form von Bildern auftauchen, können Sie dies als „sehen" oder „betrachten" bezeichnen. Letzteres beinhaltet eine aktivere Beziehung zum Bild.

Manchmal ist es nicht so leicht zu entscheiden, ob es sich um Gedanken oder Bilder handelt. Es findet eine subtile Informationsverarbeitung statt, die für Sie nicht erkennbar ist. Geben Sie dieser Erfahrung den Namen „subtil".

3. Körperempfindungen

Besonders intensive Gedanken werden von deutlich wahrnehmbaren Körperempfindungen oder sogar Anspannung begleitet. Indem Sie dieser Anspannung gewahr sind, verlieren Sie sich nicht in dem eigentlichen Gedanken.

Atempause

Innehalten und atmen.

Lassen Sie eine Schwierigkeit an die Oberfläche kommen.

Nehmen Sie wahr, was in Ihrem Körper geschieht.

4. Eine leere Leinwand

Stellen Sie sich vor, Sie wären im Kino und blicken auf eine leere Leinwand. Warten Sie, bis auf der Leinwand Gedanken erscheinen. Betrachten Sie sie. Es gibt nichts weiter zu tun.

Was genau sehen Sie? Was geschieht mit den Gedanken? Wie lange bleiben sie? Ändert sich ihre Intensität? Wie ist der Fluss?

Wenn keine Gedanken da sind, blicken Sie einfach wieder nur auf die leere Leinwand. Eine Abwandlung dieser Übung ist die ABC-Übung aus der vierten Woche, bei der Sie in den Raum blicken. Dies erfordert Praxis.

5. Wolken am Himmel

Gedanken können auch als Wolken am Himmel betrachtet werden. Verbinden Sie sich mit der Offenheit des Himmels, indem Sie die ABC-Übung aus der vierten Woche anwenden.

Wolken kommen und ziehen vorüber. Manchmal bleiben sie ein wenig länger, aber immer sind sie irgendwann wieder verschwunden. Manchmal sind sie weiß und manchmal grau. Die unermessliche Offenheit des Himmels bleibt, ob es nun leicht regnet oder gewittert. Himmel bleibt Himmel. Auch wenn der Himmel voller dunkler Wolken hängt, er trägt sie und nimmt sie an.

Atempause

Innehalten und atmen.

Lassen Sie Gedanken wie Wolken vorüberziehen.

Verbinden Sie sich mit der Weite des Himmels.

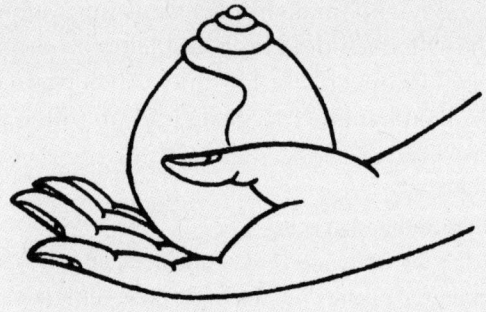

Kann ich meine Gefühle
als Teil meines Menschseins,
bei dem Freude und Traurigkeit
Hand in Hand gehen,
willkommen heißen?

2. Die Welt der Gefühle

Ich denke nicht, also bin ich.
Yoga

DAS VERSPRECHEN DES DENKENS

Das Denken hat so viel an Kraft gewonnen, dass sich die Vorstellung verfestigt hat, dass das Denken auch eine Lösung für das Fühlen bietet. Denken scheint *die* zu sein, um eine *Lösung* ür ein unangenehmes Gefühl zu finden. Unser Handeln wird fast immer von der Überzeugung geleitet, dass die Antwort sich schon einstellt, wenn wir nur genug darüber nachdenken. Die „Warum"-Frage gewinnt rasch die Oberhand. Das Denken wird daher nur allzu leicht zu etwas, das zwanghaft über alles andere hinwegwalzt.

Es gab eine Phase, in der man in der Psychologie annahm, dass wir entscheiden können, was wir denken und fühlen. Eine der ersten Erkenntnisse seit der ersten Woche ist jedoch, dass wir nicht denken können, was wir wollen. Sie meditieren mit der Absicht, Ihre Aufmerksamkeit auf Ihren Atem gerichtet zu halten – und was geschieht? Plötzlich denken Sie an Ihre Arbeit, dann an Ihre Tante, dann daran, was Sie essen wollen, dann fällt Ihnen ein, dass Sie Ihr Konto ausgleichen müssen. Ein Gedanke folgt auf den anderen. Dies geschieht automatisch und nahezu unbewusst.

Es ist wichtig, solche Gedanken bewusst wahrzunehmen. Gedanken können eine negative Stimmung verstärken. Daher ist es entscheidend, bestimmte Gedanken loszulassen. Und mehr noch: Auch Gefühle bedürfen der Aufmerksamkeit. Achtsamkeit lehrt uns, in eine Beziehung zu Gefühlen einzutreten – freundlich und mitfühlend.

Wir werfen nun zunächst einen eingehenderen Blick auf die zwei ungeeignetsten Muster, die beim Umgang mit unangenehmen Gefühlen vorherrschen. Es sind Reaktionen, mit denen wir uns einengen und uns daran hindern mitzuteilen, was uns wirklich wichtig ist.

Wir kultivieren Geduld
in dem Moment,
in dem wir erkennen,
dass Ungeduld
keine Option ist...

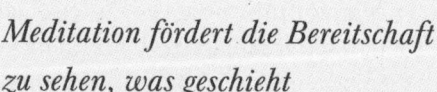

Meditation fördert die Bereitschaft
zu sehen, was geschieht

Überkochen

Was mache ich?

Sie haben das Gefühl, keinen Raum mehr zu haben. Ein Vulkan scheint auszubrechen. Sie sind ärgerlich, streiten sich und finden dafür viele Gründe. Sie reagieren impulsiv, manchmal destruktiv. Dies kann stark übertriebene, theatralische Formen annehmen. Sie überschütten die Außenwelt mit Ihren angestauten Emotionen.

Manchmal bedauern Sie Ihre harten Worte, die nicht Ihre ganze Wahrheit ausdrücken. Sie konnten nicht mehr sehen, was tatsächlich geschah. Sie waren durcheinander. Ihre Worte sagten mehr über Sie als über die Situation aus.

Manchmal verlieren wir den Bezug zu unseren wahren Gefühlen. Wir erstarren innerlich und kochen äußerlich über.

Einige Gründe

1. Sie haben wahrscheinlich nie zuvor wahrgenommen, wie Sie kommunizieren.
2. Sie kennen solches Verhalten aus Ihrem Umfeld.
3. Sie haben Angst, das zu fühlen, was wirklich in Ihnen vorgeht, und reagieren mit Wut, um sich von Ihren Gefühlen abzulenken.

Was kann ich tun?

1. INNEHALTEN und atmen. Lassen Sie Ihren Impuls zu reagieren für einen Moment los.
2. Schenken Sie Ihren Gefühlen Raum und Aufmerksamkeit. Nehmen Sie sie an, aber lassen Sie sich nicht von ihnen mitreißen. Fragen Sie sich: „Kann ich zulassen, das zu fühlen?" Vergessen Sie nicht, dass dieses überhitzte Gefühl nicht notwendigerweise bedeutet, dass Sie überreagieren müssen.
3. Legen Sie eine Hand auf Ihr Herz. Atmen Sie und lauschen Sie intensiv. Können Sie eine sanftere Stimme hören?

Auch die Tatsache, dass wir nichts fühlen,
ist zu würdigen.
Sie hat uns von Kindheit an
immer wieder ermöglicht zu überleben.

Es kann immer noch geschehen,
dass wir innerlich erstarren,
aber das muss uns nicht länger
gefangen halten.

Meditation bedeutet zu erkennen,
dass es eine andere Möglichkeit gibt

Erstarren

Was mache ich?

Sie haben das Gefühl, keinen Raum mehr zu haben, und verschließen sich noch stärker. Sie unterdrücken Ihre Gefühle und das, was Ihnen wichtig ist. Sie gehen innerlich weg und tun so, als ob alles in Ordnung wäre. Manchmal wird Ihnen innerlich heiß und Sie diskutieren erregt mit sich selbst. Sie werten, zweifeln, sind wütend oder klagen lautlos an.

Oder Sie machen genau das Gegenteil, werden sehr aktiv und reden über belanglose Dinge. Sie sagen aber nichts zu dem, was für Sie wirklich wichtig ist.

Wenn Sie regelmäßig innerlich erstarren, verlieren Sie nach einer Weile den Kontakt zu Ihren Gefühlen. Sie haben nicht nur keinen Zugang mehr zu dem, was Sie fühlen, sondern Sie fühlen es tatsächlich nicht mehr. Sie sind innerlich erstarrt. Auch dies erfordert nicht wertende, freundliche und weise Aufmerksamkeit, um anzunehmen, wo Sie sind, und sich in Bezug auf Ihre aktuelle Situation über die Richtung klar zu werden.

Einige Gründe

1. Sie haben Angst, sich mitzuteilen.
2. Sie wissen nicht, wie Sie sich mitteilen können.
3. Sie verachten Ihr Gegenüber und halten es Ihrer Worte nicht für würdig.

Was können Sie tun?

1. Erkennen, dass etwas nicht stimmt. Nehmen Sie den inneren Monolog und Ihre innere Starre wahr. Wollen Sie darin gefangen bleiben?
2. Seien Sie ehrlich mit dem, was Sie aufwühlt, und schenken Sie dem respektvolle Aufmerksamkeit. Atmen Sie mit dem, was ist, und tragen Sie es mitfühlend.
3. Versuchen Sie, Ihrem Gegenüber mitzuteilen, was die Situation mit Ihnen macht und wie Sie sich fühlen. Wie ist das? Fühlen Sie sich so nicht zutiefst menschlich?

Freundliche, nicht wertende Aufmerksamkeit genügt.
So bekommen Sie und Ihre Gefühle Raum –
Raum zum Heilen.

Wie ist es,
Ihren Gefühlen sanft zu begegnen
und ihnen Raum zu schenken,
um da sein zu können?

Wie kann ich also eine ganzheitliche Beziehung zu meinen Emotionen aufbauen? Wir beginnen, diese Gefühle als Teil unseres Menschseins willkommen zu heißen, statt zu wünschen, sie wären nicht da. Wir können nicht verhindern, dass wir unerwünschte Erfahrungen machen. Unsere Haltung ihnen gegenüber bestimmt, ob sie uns gefangen halten oder ob wir frei sind.

Dazu müssen wir sie anschauen, ohne sie zu leugnen, ohne überzureagieren und ohne zu analysieren. Wie geht das? Schauen wir uns einmal die Struktur von Emotionen und unsere Beziehung zu ihnen an.

Eine Emotion ist eine umfassendere Erfahrung mit einer Geschichte (Gedanken) und Körperempfindungen. Wir schenken unsere ganze Aufmerksamkeit zumeist unseren Gedanken. Wir beschweren uns oder klagen an. „Er hat das gemacht" oder „Warum hat er das getan?" oder „Das hätte nicht so sein dürfen" oder „Das ist furchtbar" oder „Warum passiert mir das?" oder, oder, oder. Wir verlieren uns in der Geschichte zur Emotion. Oder wir verurteilen unsere Gefühle. Auch dies ist eine Form von Gedanken. „Es ist nicht in Ordnung, ich will das nicht, es sollte anders sein" etc. Dem Körper wird keine Aufmerksamkeit geschenkt, weil dort der emotionale Schmerz tatsächlich gefühlt wird.

Statt uns in die Geschichte der Emotion verwickeln zu lassen, richten wir jetzt unsere Aufmerksamkeit darauf, das emotionale Erleben im Körper zu spüren. Wir erforschen sanft, wie sich die Emotion als Körperempfindung ausdrückt. Wir schauen uns näher an, was wir fühlen. Wir lernen es kennen und freunden uns damit an. Wir gehen mit unseren Gefühlen in Kontakt und atmen in sie hinein. Wir öffnen uns und werden weich. Wenn Sie mit dem atmen, was ist, nehmen Sie die Haltung ein, die Sie seit der ersten Woche kultivieren. Sie haben gelernt, den Atem nicht zu kontrollieren, sondern ihn geschehen zu lassen und selbst da zu bleiben. Auf diese Weise begegnen wir auch unseren Emotionen. Wir lassen sie einfach da sein, weil sie sowieso da sind und damit Teil unseres Erlebens in diesem Moment sind.

Ein Gasthaus ist dieses menschliche Dasein.
Jeden Morgen eine neue Ankunft.
Eine Freude, ein Kummer.
Heiße alle willkommen!

Rumi[5]

Können Sie Ihren Gefühlen die Existenzberechtigung
zusprechen, ohne sich in ihnen zu verlieren?

5 Anm. d. Übers.: Deutsche Übertragung nach Christoph Engen

Langsam Willkommen heißen

Annahme bedeutet, nicht überzureagieren und nicht zu unterdrücken. Es geht um das Gleichgewicht, den Mittelweg. Bei der Annahme geht es nicht um alles oder nichts. Annahme bedeutet, mich so wahrzunehmen, wie ich jetzt bin – ohne Wertung. Schmerz oder Leiden, es spielt keine Rolle. Was jetzt da ist, ist jetzt da. Körperlicher und emotionaler Schmerz gehören zum Leben. Wir geben ihm Raum. Manchmal heißt es, dass Leiden nicht sein muss. Bei dieser Aussage laufen wir jedoch Gefahr, dass wir uns weigern anzuerkennen, wo wir uns jetzt mit unserem Schmerz und unserem Leiden befinden.

> **Atempause**
> Wie weit lasse ich meine Gefühle jetzt zu?
> Kann ich auch meinen Widerstand annehmen?
> Kann ich freundlich in meine Grenzen hineinatmen?

Wenn wir mit Gefühlen in Kontakt gehen, ist der Verteidigungsmechanismus unseres sensiblen Herzens bereit, jederzeit die Tore zu schließen. Es ist, als stünden Wächter um unser Herz. Seien Sie geduldig, wenn sich die Tore zu Ihrem Herzen langsam öffnen. Annahme bedeutet, dem Grad an Widerstand und dem Grad an Offenheit gegenüber Ihrer Emotion gewahr zu werden. Dies kann sich jeden Moment ändern. Können Sie das voll und ganz respektieren?

> **Atempause**
> **Innehalten und atmen.**
> **Begegnen Sie Ihrem Gefühl mit Sanftheit.**
> **Schenken Sie ihm dieselbe Aufmerksamkeit**
> **wie einer Seifenblase.**

Ohne Annahme
reagieren wir auf eine Störung
mit rasender Wut.

Ohne Annahme
wird Traurigkeit uns bedrücken.

Ohne Annahme
macht Unsicherheit uns Angst.

Ohne Annahme
wird eine Enttäuschung uns quälen.

„Ja" zu den Gefühlen sagen

Wir schenken dem Gefühl so, wie es jetzt ist, Aufmerksamkeit. Wenn Sie „ja" sagen, geben Sie sich die Chance, wirklich das zu fühlen, was da ist. Sich Ihren Gefühlen anzuvertrauen ist nur dann möglich, wenn Sie keine Antwort mehr auf das „Warum" suchen. Das ist tiefe Hingabe an den Moment. Es bedeutet, sich ehrlich auf das einzulassen, was Sie jetzt fühlen. Im Grunde geht es darum, die Emotion anzunehmen, ohne den damit verbundenen Gedanken, Bewertungen, Anschuldigungen und Sorgen nachzugeben.

Wenn wir mit Emotionen arbeiten, geht es nicht darum herauszufinden, ob unsere Gedanken richtig oder falsch sind. Vielleicht ist der andere schuld, vielleicht auch nicht. Möglich ist es. Solange wir von solchen Gedanken besessen sind, ist unsere Aufmerksamkeit geteilt und wir können der eigentlichen Emotion keinen Raum geben.

Atempause

Welche Emotion können Sie nicht annehmen?

Was denke ich über mich, wenn ich diese Emotion erlebe?

Sagen Sie jetzt „nein" zu dem Gefühl und bekämpfen sie es. Was stellen Sie fest?

Sagen Sie jetzt „ja" zu dem Gefühl. Was ist anders, wenn Sie sich öffnen und weich werden?

Ritas Erfahrung:

Zu Beginn war Annahme für mich ein Buch mit sieben Siegeln. Wie kann ich das annehmen, was ich nicht mehr erleben möchte? Ich habe mich hauptsächlich zu diesem Training angemeldet, weil ich mich nicht mehr frustriert und unzufrieden fühlen wollte. Ich stellte bald fest, dass meine Bewertungen dieser Gefühle zu nur noch mehr Frustration führten. Das war etwas, was ich zuvor nie bewusst erlebt habe. Außerdem lassen sich diese Gefühle nicht vermeiden. Gegen sie zu kämpfen ist sinnlos.

Ich lernte, meinen Gefühlen sanft Raum zu geben. Das ist etwas ganz anderes als den unangenehmen Emotionen nachzugeben: Weinen und Klagen, das mag mein Mann nicht. Jetzt habe ich gelernt, mir selbst Aufmerksamkeit zu schenken, statt zu verlangen, dass andere mir Aufmerksamkeit schenken.

Menschen, die ihren Gefühlen
Raum geben, sind aktiver.

Sie haben gelernt,
sich mit ihren Gefühlen anzufreunden,
und sie haben keine Angst mehr vor ihnen.

Angst, Enttäuschung oder Ablehnung
halten sie nicht mehr von dem ab,
was sie tun wollen.

ANNAHME ALS EIN ERSTER SCHRITT

Gefühle müssen angenommen werden
Probleme müssen gelöst werden

Annahme ist nicht dasselbe wie passiv werden oder aufgeben. Es ist etwas anderes als zu erstarren oder überzukochen. Annahme bedeutet, den Gefühlen aktiv zu begegnen, indem wir sie zulassen und nicht sofort versuchen, etwas dagegen zu tun oder sie zu ändern.

Annahme bedeutet, sich in das zu entspannen, was ist. Wut, Traurigkeit …, wir nehmen unsere Gefühle einfach so wahr, wie sie sich zeigen. Wir anerkennen sie und lassen sie unberührt. Wir geben ihnen Raum. Wir versuchen nicht, die Emotion „wegzuatmen" oder schlicht zu ignorieren.

Sie richten Ihre Aufmerksamkeit auf das, was Sie fühlen, und auf das damit verbundene ganzheitliche innere Empfinden („Felt Sense"), d. h., ob Sie zum Beispiel erstarren oder überkochen – ohne sofort zu handeln. Sie gehen innerlich nicht weg und Sie überreagieren nicht. Dies verlangt eine aktive Entscheidung, nicht automatisch zu reagieren und aufkommende Gedanken und Impulse loszulassen.

Dieses „Zulassen und Loslassen" schafft Zeit, in der sich die Luft reinigen kann, damit Sie sehen, was ist und wie Sie am besten damit in Beziehung treten können. So können Sie proaktiv sein. Annahme ist ein notwendiger Schritt, damit wir die Chance haben, der Schwierigkeiten, so wie sie sind, voll und ganz gewahr zu werden, statt sie durch eine emotional gefärbte Brille zu betrachten. Sie anerkennen die Präsenz der Gefühle, bevor Sie entscheiden, wie Sie mit Ihnen umgehen wollen. Dies erfordert Engagement und Energie. Es ist der Mittelweg, der eine umfassendere und ernsthaftere Entscheidung für das Leben möglich macht.

Danach können Sie eine klare und passende, weise Antwort auf die Situation formulieren, statt automatisch und unangemessen mit einer alten, unwirksamen Strategie zu reagieren. Sie können sehen, ob Ihre Gedanken passend sind oder nicht und ob die Situation konkretes Handeln erfordert.

Wenn wir unserer Gedanken und Gefühle
ohne Ablehnung und ohne Anhaftung
gewahr werden,
können sie in uns vorüberziehen wie Wolken.
Wir sind frei, sie zu fühlen
und uns wie der Wind zu bewegen.

J. Kornfield

3. Meditation mit Gedanken und Gefühlen

Richten Sie Ihre Aufmerksamkeit auf den Atem…
Werden Sie dann Ihres ganzen Körpers gewahr…
Und auch der einzelnen Empfindungen…
Bleiben Sie wachsam für die Reaktionen Ihres Geistes…
Wenn Geräusche entstehen, können Sie sich auf die Welt der
  Geräusche einlassen…
Nehmen Sie auch den Raum wahr, der trägt und umfängt…
Lassen Sie Ihr Gewahrsein in der Stille verweilen…

Jetzt wachsam für Gedanken sein

Sie können sich jetzt bewusst entscheiden, sich auf den Prozess des Denkens einzulassen, wenn er geschieht. Manchmal werden Sie feststellen, dass Gedanken in dem Moment verschwinden, in dem Sie ihrer gewahr werden. Andere Gedanken scheinen zu bleiben. Schauen Sie, ob Sie einfach für den Prozess des Denkens präsent bleiben können, solange Sie dort eine gewisse Energie spüren.

Sie können den Prozess des Denkens mit „denken" oder „sprechen" bezeichnen. Und wenn Bilder auftauchen, können Sie dies als „sehen" oder „betrachten" bezeichnen. Sie stellen vielleicht hin und wieder fest, dass dies nicht ganz einfach ist und dass nicht klar ist, ob es sich um Bilder oder Gedanken handelt. Die Informationsverarbeitung ist sehr subtil, daher können Sie den Prozess auch als „subtil" bezeichnen.

Wenn die Gedanken nachlassen, können Sie zu der Würde des Sitzens, zu der von Ihnen verkörperten Präsenz zurückkehren. Auf diese Weise können Sie sich selbst in diesem Körper, der hier sitzt und atmet, ankern. Sie müssen nichts Besonderes tun. Lassen Sie die Gedanken kommen, wie sie kommen, und in ihrer Zeit wieder gehen. Bleiben Sie in diesem Augenblick, in diesem Körper.

Und wenn es in Ihrem Kopf rund geht?

Wenn Sie bemerken, dass Ihre Gedanken rasen, „seien" Sie einfach bei dem geschäftigen Treiben in Ihrem Kopf. Wenn Sie wollen, können Sie diese Erfahrung mit „geschäftig" bezeichnen. Nutzen Sie Ihren Atem als Anker.

Und wenn die Gedanken Sie zu überwältigen scheinen?

Wenn Sie bemerken, dass die Gedanken Sie überwältigen, haben Sie immer eine Wahl: Sie können Ihre Aufmerksamkeit mit Mitgefühl und ohne Bewertung wieder auf Ihren Körper richten und erforschen, wie es Ihrem Körper mit dieser Erfahrung geht. Sie können auch Ihre Aufmerksamkeit wieder auf Ihren Atem und Ihren ganzen Körper richten.

Sie können sich auch die Emotion anschauen.

Überwältigende Gedanken sind häufig mit einer Emotion verbunden. Sie können dann Ihr Gewahrsein auf Ihren Körper richten, erforschen, was Sie dort spüren, und mit dem atmen, was ist. Wenn Gedanken erneut die Oberhand gewinnen, richten Sie Ihre Aufmerksamkeit einfach freundlich wieder auf Ihren Körper. Öffnen Sie sich dabei, so gut es geht, für das, was Sie im Körper spüren, ohne sich in die Geschichte der Emotion zu verwickeln.

Vielleicht gibt es ja Gefühle oder Emotionen, die Sie attraktiv finden, und andere, die Sie lieber vermeiden würden. Sie müssen nichts mit ihnen machen, sondern sie einfach freundlich und bewusst umfangen, tragen und würdigen.

Benennen

Seien Sie ehrlich in Bezug auf Ihre Gefühle. Vielleicht können Sie ihnen Namen geben: Angst, Frustration, Ärger. Seien Sie dabei sehr sanft und bleiben Sie mit Ihrer Aufmerksamkeit vor allem bei dem Gefühl an sich. Es kann aber auch sein, dass Sie Ihre Gefühle nicht benennen möchten. Experimentieren Sie damit, um zu sehen, was Sie Ihrer Erfahrung näher bringt.

Ihre Stimmung

Wenn keine Emotion Ihrer Aufmerksamkeit bedarf, können Sie sich auch Ihrer Stimmung zuwenden. Ist das, was Sie spüren, eher angenehm, unangenehm oder neutral? Nehmen Sie diese Erfahrung wahr, fühlen Sie sie, lassen Sie sie zu und atmen Sie in sie hinein – ohne Ablehnung und ohne Anhaftung. Seien Sie einfach mit dem, was Sie spüren.

Ja zu Ihren Gefühlen sagen

Schauen Sie, ob Sie sich für das ganze Spektrum an Gefühlen öffnen können. Spüren Sie, wie es sich in Ihrem Körper manifestiert, ohne sich in den Inhalt der damit verbundenen Gedanken zu verwickeln. Begegnen Sie Ihrer Erfahrung mit Mitgefühl.

Seien Sie sich bewusst, dass Sie sich in jedem Moment entscheiden können, entweder bei der Intensität Ihrer Emotion zu bleiben oder Ihre Aufmerksamkeit auf Ihren Atem und Ihren ganzen Körper zu richten.

Offen sein für das, was sich zeigt

Richten Sie Ihr Gewahrsein jetzt auf das, was am offenkundigsten da ist: Wenn Geräusche entstehen, nehmen Sie die Geräusche wahr, wenn Schmerz da ist, nehmen Sie den Schmerz wahr, und wenn Sie Ihren Atem am deutlichsten spüren, seien Sie bei Ihrem Atem. Wenn Gedanken aufkommen, richten Sie Ihre Aufmerksamkeit auf die Gedanken.

Sitzen Sie in Stille. Suchen Sie nach nichts. Seien Sie für alles da, so, wie es sich entfaltet, und so, wie es ist. Sitzen Sie mit offenem Herzen, offen für die Erfahrung, ein menschliches Wesen zu sein.

In der Stille bleiben

Bleiben Sie an diesem Ort der Stille, in dieser Achtsamkeit, die alles trägt und alles umfängt. Dieser Ort, an dem alles erscheint und wieder geht, der Raum bietet für alles, für Geräusche, Gedanken, Emotionen, Empfindungen – ein Raum zum Betrachten, Zulassen und Loslassen. Wenn Sie bemerken, dass Sie Gedanken oder Tagträumen nachhängen, nehmen Sie dies einfach wahr. Versuchen Sie nicht, sich dagegen zu wehren oder es zu ändern. Gewahrsein bedeutet zuhören, offen sein, nicht werten, nicht manipulieren. Es ist reines Bewusstsein.

Wenn wir intensive Emotionen erleben,
unterdrücken bzw. übertönen wir sie oft,
oder wir erstarren bzw. kochen über.

In ersterem Fall kann es wichtig sein,
stärker mit dem in Kontakt zu treten, was wir spüren.

Im zweiten Fall kann es wichtig sein,
sich auf den unterstützenden Raum einzulassen.

Diese Fähigkeiten können
durch Meditation erworben werden.

Vergessen Sie den Raum nicht,
wenn Sie Ihre Aufmerksamkeit fokussieren.
Und vergessen Sie Ihren Fokus nicht, wenn Sie Raum geben.

Wenn eine Emotion Sie überwältigt, können Sie sich mit der
Stille verbinden, die alles hält und alles umfängt.

MIT EINER ÜBERWÄLTIGENDEN EMOTION ARBEITEN

Mit dieser Übung lässt sich die vorausgehende Übung integrieren. Sie lässt sich bei der Arbeit mit unangenehmen Gefühlen wie Angst, Frustration, Wut oder Traurigkeit einsetzen.

Halten Sie Ihre Augen offen und Ihr Gesichtsfeld weit. Lassen Sie sich auf die Stille ein. Nehmen Sie sich dafür genug Zeit. Erinnern Sie sich an die ABC-Übung.

Richten Sie Ihre Aufmerksamkeit nun auf Ihren Körper und Ihren Atem, während Sie in engem Kontakt mit dem Sie umgebenden offenen Raum bleiben.

Lassen Sie es jetzt zu, eine schwierige Erfahrung zu machen. Nehmen Sie wahr, was geschieht. Was bemerken Sie in Ihrem Körper, welche Emotionen und Gedanken tauchen auf? Nehmen Sie wahr, was da ist, und lassen Sie den größeren Raum unterstützend wirken.

Erneuern Sie mit jedem Atemzug Ihre Bereitschaft, in freundlichen Kontakt mit der Erfahrung zu treten, wie Sie sie in diesem Moment erleben. Wenn Sie sich überwältigt fühlen, lassen Sie sich auf den Sie umgebenden unterstützenden Raum oder die Stille ein, in der Geräusche erscheinen und sich wieder auflösen. Mit der Zeit finden Sie ein Gleichgewicht zwischen Fokussieren und Zurücktreten, zwischen engem Kontakt und Raum gebender Weite.

Anemoon berichtet:

Am Anfang des achtwöchigen Übungsprogramms hatte ich regelmäßig Panikattacken, die das Leben sehr unangenehm machten.

Ich wollte sie immer noch durch die Meditationsübungen vermeiden, indem ich versuchte, sie wegzuatmen. Aber sie kamen immer wieder!

Ich hatte es ziemlich satt und so wollte ich radikal das umsetzen, was ich im Kurs gelernt hatte: HEISSEN SIE IHRE GEFÜHLE SELBST DANN WILL-KOMMEN, WENN SIE UNANGENEHM UND UNERWÜNSCHT SIND.

„Komm' her, lass' dich anschauen. Ich möchte dir direkt in die Augen schauen", sagte ich zu dem Gefühl. Ich atmete, schenkte dem Gefühl Aufmerksamkeit und nahm wahr, wie ich es im Körper spürte. Ich ließ es näher an mich heran und als es wirklich sehr intensiv wurde, trat ich zurück und gab der Panik den Raum, den sie brauchte. Und ich habe es mit Mitgefühl getragen. Ich hieß das Gefühl, so gut es ging, willkommen. Komischerweise verlor es dadurch an Intensität.

„Hey, lauf' nicht weg! Komm' her, Panik, ich kenne dich noch nicht gut genug. Ich möchte dich ganz kennen lernen", sagte ich. Nach einer Weile stellte ich fest, dass diese Haltung die Angst spontan wegschmelzen ließ.

4. Tägliche Übungen

1. Sitzmeditation: Täglich 40 Minuten.

Beginnen Sie damit, Ihre Aufmerksamkeit auf Ihren Atem und Ihren Körper zu richten. Sobald Sie dann bereit sind, nehmen Sie auftauchende Gedanken und Emotionen wahr. Wenn Gedanken oder Emotionen Sie überwältigen, können Sie eine *dreiminütige Gehmeditation.* Sie können aber auch mit Raum und Stille arbeiten.

Beschreiben Sie Ihre Meditationserfahrung

....

....

....

....

2. Legen Sie dreimal täglich eine Atempause ein

und stellen Sie sich dabei folgende Fragen: Was fühle ich? Wo fühle ich es in meinem Körper? Nutzen Sie die Atempausen auch in Momenten, in denen Gedanken oder Emotionen Stress verursachen. Schenken Sie dann Ihren Körperempfindungen besondere Aufmerksamkeit. Nehmen Sie eine ganzheitliche innere Empfindung, ein Überkochen oder ein Erstarren wahr?

Was haben Sie herausgefunden?

....

....

....

....

....

3. Mini-Übungen
Wählen Sie einen Vorschlag für die Woche

> Auf typische Denkmuster achten und ihnen ein Lächeln schenken
>
> Vor der Sitzmeditation einige Yogaübungen im Stehen praktizieren
>
> Der Benennung von Gefühlen zusätzliche Aufmerksamkeit schenken

Welche Erfahrungen haben Sie mit dieser Übung gemacht?

....

....

....

....

....

4. Reflexion
Neigen Sie zum Erstarren oder zum Überkochen?

....

....

Wie ist es, die Emotionen wie Wolken durch Sie hindurchziehen zu lassen?

....

....

Alles Gute für diese Woche.

Verbinden Sie sich weise
mit ihren Gedanken

Willkommen zu Woche 6

Interpretationen und Ihrer Art zu kommunizieren gewahr sein

Sokrates' Antwort...

Im alten Griechenland war Sokrates für seine große Weisheit bekannt.
Eines Tages sprach ein Mann den Philosophen an: „Sokrates, weißt du, was ich gerade über einen von deinen Schülern gehört habe?"

„Einen Moment", antwortete Sokrates. „Bevor du mir deine Geschichte erzählst, möchte ich sie drei Tore passieren lassen. Bevor du mir etwas über meinen Schüler sagst, lass' uns die Zeit nehmen, um zu sehen, ob die Geschichte die drei Tore passieren kann.

„Das erste Tor ist das Tor der Wahrheit. Bist du sicher, dass das, was du mir erzählen möchtest, der Wahrheit entspricht? Oder ist es eher etwas, was du jemand anderen hast sagen hören?"

Versuchen wir es jetzt mit dem zweiten Tor, dem Tor der Nützlichkeit.
Ist das, was du mir erzählen möchtest, für mich nützlich und hilfreich?"

Sokrates fuhr fort: „Lässt du dich bei dem, was du mir erzählen möchtest, von Güte leiten? Güte ist das dritte Tor."
Der Mann schwieg, und auch Sokrates sagte nichts. Es war alles gesagt.

Seien Sie wachsam!
Ihre Gedanken und Interpretationen können
verzerrt werden, ohne dass es Ihnen bewusst ist.

Jede Bewertung, an der Sie festhalten,
hält Sie gefangen.

1. Gedanken sind keine Tatsachen

John ist auf dem Weg zur Schule.
Er macht sich Gedanken über die Mathematikstunde.
Gestern war es ihm nicht gelungen,
    die Klasse unter Kontrolle zu bringen.
Das ist keine Arbeit für einen Hausmeister.

Betrachten Sie die Beschreibung von John. Was fällt Ihnen auf? Wir haben uns schnell orientiert, um den Worten Bedeutung zu geben. Es braucht nicht viel, um zu erkennen, dass unsere Interpretation falsch war. Wir produzieren kontinuierlich Gedanken und Meinungen.

Dies geschieht automatisch. Wir sind von ihrem Wahrheitsgehalt überzeugt, ohne uns rückzuversichern. Im Alltag interpretieren wir vieles, ohne es zu überprüfen, und wir leben, als ob unsere Deutungen Tatsachen wären. Diese Art der Deutung und des Denkens über die Welt, unsere Freunde und Kollegen hat einen großen Einfluss auf unsere Gefühle und kann uns ohne objektiven Grund in eine düstere Stimmung versetzen.

Eine wahre Geschichte

Einige Studenten saßen im Bahnhof auf einer Bank, standen plötzlich auf und gingen umher. Plötzlich rief einer der Studenten aus: „Mein Radio ist gestohlen worden." Ein Bahnbeamter kam hinzu und sprach mit Zeugen. Die Polizei erhielt eine sehr genaue Beschreibung des Radios und einige Personen boten an, gegebenenfalls auf der Polizeistation auszusagen.

Was ist so besonders an dieser Geschichte? *Es gab kein Radio.* Bei den Studenten handelte es sich um Psychologiestudenten, die dieses Experiment durchführten, um herauszufinden, wie sich Menschen beeinflussen lassen. Dies ist meiner Ansicht nach eine faszinierende Geschichte, die zeigt, wie leicht wir etwas glauben und sogar schwören würden, dass es tatsächlich geschehen ist, obwohl es kein Körnchen Wahrheit enthält. Dies geschieht täglich und passiert vielleicht auch uns hin und wieder. Welche Konsequenzen könnte dies haben?

Wir erfinden Geschichten über uns.
Wir erfinden Geschichten über andere.
Wir erfinden Geschichten über unser Leben.

Wir glauben, dass diese Geschichten wahr sind.
Wir leben nach diesen Geschichten.
Und schließlich sehen wir nur das, was wir glauben.

Unsere Überzeugungen bilden eine Art Tunnelblick.
Was wir nicht mit ihnen in Einklang bringen können,
wird geleugnet.
Unsere Geschichten halten uns gefangen.

Wo Bewertung beginnt, endet Wahrnehmung

Wir alle haben Meinungen. Daran ist an sich nichts Falsches. Das Problem liegt eher darin, dass wir beginnen, an diesen Meinungen festzuhalten. Oft sehen wir die anderen Möglichkeiten nicht mehr. Und wir lassen keine anderen Meinungen mehr zu. Wir sehen darin keinen Sinn mehr. Wir sind völlig davon überzeugt, Recht zu haben. Das Festhalten an Sichtweisen und Meinungen kann leicht Konflikte erzeugen. Der Wunsch, unbedingt Recht haben zu wollen, garantiert Kampf und Stress.

„Wenn jemand meine Meinung anzweifelt, fühlt sich das für mich wie ein persönlicher Angriff an. Wird meine Ansicht hinterfragt, werde ich hinterfragt. Ein Angriff meiner Sichtweise ist ein direkter Angriff meiner Person. Deshalb tue ich alles, um meine Meinung zu verteidigen."

Anhaften?

Eine Meinung ist ein Gedanke und Gedanken sind konditioniert. Sie werden von Ihrem Temperament, von der Art, wie Sie aufgewachsen sind, und von Ihrer Lebenserfahrung beeinflusst. Denken sie an die Meinungen, die Sie vor zwanzig Jahren vertreten haben. Wahrscheinlich haben sich Ihre Ansichten geändert, weil Sie sich geändert haben. Ein paar Ansichten werden Sie jedoch wahrscheinlich behalten.

Einige Ansichten sind zwar sehr wertvoll, dennoch erzeugt eine Fixierung von Emotionen in erster Linie Stress und Missstimmung. Wenn Sie an Ansichten festhalten, wird es immer ein Gegenargument und damit Kampf geben.

Atempause
Innehalten und atmen.
Über wen oder was haben Sie eine starke Meinung?
Welche Gefühle kommen auf?

Seien Sie wachsam gegenüber
starren Meinungen und Ansichten,
die in Momenten intensiver Emotionen auftauchen.

Sich wahr anfühlen ist nicht dasselbe
wie wahr sein.

Manchmal werden Eindrücke als Gefühle beschrieben.
Können Sie zwischen den beiden unterscheiden?
Dies hilft, die Verantwortung für Ihre Wahrnehmung
zu übernehmen.

IHRE STIMMUNG KANN DAS GEFÄNGNIS
NOCH ENGER MACHEN

Jack erzählt Ihnen, dass einer Ihrer Freunde eine Party feiert. Sie werden still. Sie wären gern dabei, weil Sie diesen Freund länger nicht mehr gesehen haben. Vor einem Jahr haben Sie diesen Freund zu einer Party bei Ihnen eingeladen. Nun fragt Jack Sie, ob Sie vor zwei Wochen die Einladung zu dieser Party bekommen haben. Jetzt werden Sie still, weil Sie keine Einladung bekommen haben. Was fühlen Sie in diesem Moment? Was denken Sie? Welche Körperempfindungen haben Sie?

Auf eine solche Situation reagieren wir sehr unterschiedlich. Einige denken, dass er sie vielleicht einfach vergessen haben könnte, und relativieren die ganze Sache. Andere sind sehr enttäuscht und verfallen in eine düstere Stimmung. Ein unaufhaltsamer Strom von bedrückenden Gedanken macht dann den Rest des Tages unerträglich.

Unterschiedliche Menschen interpretieren ein und dieselbe Situation auf unterschiedliche Weise. Dabei spielen verschiedene Aspekte eine Rolle. Wir haben unterschiedliche Geschichten, sind auf unterschiedliche Weise aufgewachsen, haben verschiedene Persönlichkeiten und unterschiedliche Erfahrungen. Dies alles kann eine Rolle spielen.

Es gibt noch einen anderen wichtigen Faktor: Ihre Stimmung. Wenn Sie sich sehr gut fühlen, betrachten Sie die Dinge völlig anders als in Momenten, in denen Sie niedergeschlagen sind oder sich verlassen fühlen. Eine negative Stimmung erzeugt leicht verzerrte Gedanken, die mit der Realität nichts zu tun haben.

Wir glauben, dass unsere Gedanken die Wahrheit darstellen, weil alle möglichen Gefühle damit verbunden sind. Diese Gefühle scheinen den Wahrheitsgehalt unserer Ansichten zu bestätigen. Wir sagen leicht: „Ich fühle, dass er …" statt „Ich habe den Eindruck, dass er …"

Beachten Sie, dass ein Gefühl und ein Eindruck verschiedene Dinge sind. Sie können insbesondere sprachlich zwischen einem Gefühl und einem Eindruck unterscheiden. Üben Sie es.

IHRE STIMMUNG IST EIN FILTER

Eine Stimmung lässt sich mit einer getönten Brille vergleichen. Der Filter „Depression" lässt die Welt grau erscheinen. Der Filter „Verliebtheit" färbt die Welt rosarot.

Kehren wir zu dem Beispiel der Party zurück. Wenn Ihnen gerade gekündigt worden ist und Sie dann feststellen, dass ein guter Freund Sie nicht zu seiner Party einlädt, trifft Sie der Schlag härter.

VERANTWORTUNG FÜR IHREN FILTER ÜBERNEHMEN

Ihnen fällt vielleicht zwar auf, dass Sie eine getönte Brille tragen, Sie können sie aber trotzdem nicht absetzen. Die Achtsamkeitspraxis unterstützt uns dabei, unsere Gedanken und Interpretationen ins rechte Licht zu rücken. Dies können wir tun, indem wir die Relativität unserer Deutungen anerkennen, ohne sie zu werten. Sie anerkennen, dass Ihre Gedanken keine Tatsachen sind und dass diese Gedanken jetzt einen Teil Ihres emotionalen Erlebens darstellen.

* *Seien Sie Ihrer Emotionen gewahr.*
* *Wenn Ärger vorherrscht und Sie feststellen, dass Sie sich sehr schnell von dem reizen lassen, was Ihre Kollegin sagt und tut, können Sie die Verantwortung dafür übernehmen, indem Sie Ihrer Kollegin mitteilen, dass Sie sich heute etwas angespannt fühlen und sie Ihre Worte nicht persönlich nehmen soll.*

Sie können sich aber auch intensiver mit Ihren Gedanken beschäftigen und sie relativieren. Dies hilft Ihnen, Prioritäten zu setzen und bewusste Entscheidungen zu treffen.

* Schreiben Sie Ihre Gedanken auf
* Legen Sie Atempausen ein
* Hinterfragen Sie Ihre Gedanken

Entscheiden Sie sich jetzt bewusst, innezuhalten, zu atmen und den Gedanken zu hinterfragen. Experimentieren Sie mit folgenden Fragen und entscheiden Sie, mit welchen Fragen Sie weiterarbeiten wollen.

ATEMPAUSE MIT FRAGEN

* Schließen Sie die Augen und richten Sie Ihre Aufmerksamkeit auf den Atem. Erlauben Sie sich, ganz hier zu sein, ohne irgendwelche Pflichten. Seien Sie Ihres atmenden Körpers bewusst. Nehmen Sie den Raum um Sie herum wahr. Verbinden Sie sich mit einer meditativen Haltung.
* Lassen Sie eine schwierige Situation mit den entsprechenden Bewertungen oder festen Meinungen vor Ihrem geistigen Auge auftauchen. Nehmen Sie mit nicht wertender Aufmerksamkeit wahr, was in Ihrem Körper geschieht. Versetzen Sie sich in eine Haltung der freundlichen Neugier und des Interesses und nehmen Sie sich dann eine Frage nach der anderen mit offener, ruhiger Achtsamkeit vor. Atmen Sie mit jeder Frage ein und aus. Geben Sie Ihrer tieferen Weisheit eine Chance. Vielleicht können Sie die Stimme Ihres Herzens hören.

1. Handelt es sich bei dem Gedanken um eine Beobachtung oder eine Interpretation?

* Spiegelt dieser Gedanke die Realität wider?
* Betrachte ich Situationen nur aus einer Perspektive?
* Gehe ich ohne Überprüfung davon aus, dass meine Gedanken den Tatsachen entsprechen?
* Erwarte ich Perfektion?
* Denke ich in Extremen?
* Mache ich aus einer Mücke einen Elefanten (dramatisiere ich)?
* Gehe ich vom Schlimmsten aus?

2. Ist der Gedanke hilfreich oder nicht?

* Hilft mir dieser Gedanke, innere Anspannung zu vermeiden?
* Hilft mir dieser Gedanke, Konflikte mit anderen zu vermeiden?
* Hilft mir dieser Gedanke, meine Ziele zu erreichen?

3. Spiegelt der Gedanke meine tieferen Werte wider?

* Steht dieser Gedanke für meine tiefere Wahrheit, in der ich mein Leben leben möchte?
* Reagiere ich emotional auf die Situation oder vor dem Hintergrund meiner tieferen Werte?
* Was möchte ich wirklich?

KOGNITIVE ARBEIT MIT GEDANKEN

Das Hinterfragen von Gedanken ist kein Luxus. Gedanken haben eine große Macht über uns. Mit sabotierenden Gedanken oder Kritik können wir unser Leben oder das Leben anderer völlig zerstören. Gedanken beeinflussen unsere Gefühle und sind die Wegbereiter unserer Worte und Taten.

Die kognitive Therapie kann uns helfen, Gedanken und Meinungen zu erforschen und sie ins rechte Licht zu rücken.

Denken Sie an eine schwierige Situation, die Sie vor kurzem erlebt haben? Was fühlten und sagten Sie?

....

....

....

....

Welche Fragen stellten Sie, während Sie atmeten?

....

....

....

Was dachten Sie, nachdem Sie die Fragen gestellt hatten?

....

....

Welche Stress erzeugenden Gedanken herrschten vor?

....

....

....

Was dachten Sie, nachdem Sie die Wirkten sich die Fragen auf Ihre Gefühle, Gedanken und Worte aus?

....

....

....

Jenny berichtet Folgendes:

Ich habe immer Recht – zumindest dachte ich das. Mein Mann hatte keine Chance. Unsere Diskussionen waren häufig sehr stressig. Aber ich wollte nicht nachgeben.

Seit ich übe, die Gedanken loszulassen, ist der Zwang zum Diskutieren geringer geworden. Die kognitive Arbeit verhalf mir zum Durchbruch. Verhindert dieser Gedanke inneren Stress? Diese Frage öffnete mir die Augen. Der Versuch, immer Recht zu haben, machte mich höchstens ein paar Sekunden lang glücklicher. Die Frage lautete schlicht: Will ich Recht haben oder will ich glücklich sein?

Jetzt kann ich leichter entscheiden, loszulassen. Mittlerweile erkenne ich auch, dass es nicht immer mein Mann ist, der sich irrt.

EINFACH LOSLASSEN

Wenn der Wind durch den Bambus streicht,
hält der Bambus nicht an den Geräuschen fest.
Sobald die Gänse den Teich verlassen haben, lässt das
Wasser ihr Spiegelbild los.

Huancha Daoren

Ich kann meine Gedanken beobachten,
deshalb bin ich nicht meine Gedanken.
Ich kann meine Meinungen beobachten,
deshalb bin ich nicht meine Meinungen.

Ich kann meine Gefühle beobachten,
deshalb bin ich nicht meine Gefühle.
Ich kann meine Empfindungen beobachten,
deshalb bin ich nicht meine Empfindungen.

Ich kann das Wechselspiel zwischen meinen Gefühlen,
Gedanken und Empfindungen beobachten.

Gedanken können ein Gefühl verstärken.
Körperempfindungen können Emotionen und Gedanken
auslösen und dadurch die Wahrnehmung beeinflussen.

Ich kann lernen, mich zu entscheiden,
worauf ich meine Aufmerksamkeit lenken möchte,
um mit Erfahrungen umzugehen.

Wer die richtigen Worte gefunden hat,
verletzt nicht.
Und doch spricht er die Wahrheit.
Die Worte sind klar,
aber niemals gewalttätig.
Er duldet keine Demütigung
und demütigt nicht.

Buddha

In der letzten Woche haben wir unseren Gedanken, Meinungen und Überzeugungen Aufmerksamkeit geschenkt. Wir haben erfahren, dass die Beziehung, die wir zu unseren Gedanken haben, tatsächlich entscheidender ist als die Gedanken selbst.

Indem wir eines Gedankens einfach gewahr werden und ihm Raum geben, verliert er seinen Zwangscharakter. Wir brauchen Gedanken nicht zu bekämpfen oder zu verurteilen, sondern können einfach beschließen, sie nicht weiter zu verfolgen, wenn sie auftauchen. Dies eröffnet einen natürlichen Raum für eine Änderung des Blickwinkels.

Durch die Achtsamkeitsmeditation lernen wir, den Gedanken und Meinungen Raum zu geben. Wir nehmen das Zwanghafte aus der Beziehung zu ihnen, indem wir sie einfach beobachten und ihnen einen Namen geben.

* Wir beobachten, wie Gedanken kommen und gehen.
* Wir erfahren, wie die Intensität zunimmt und wieder abnimmt.
* Wir beobachten, wie Gedanken und Meinungen auftauchen und von unserer Stimmung beeinflusst werden.

Während der Meditation verlieren sie ihre Macht über uns. Unsere Überzeugungen verlieren an Zwanghaftigkeit und es entsteht Raum sowie eine Wahlmöglichkeit: Diesen Gedanken möchte ich verfolgen, diesen nicht. Jetzt höre ich zu, jetzt spreche ich. Dies erzeugt inneren Frieden und erweitert den Blickwinkel.

Wenn sich Ihr Standpunkt als nicht zutreffend erweist, ist dies in Ordnung. Es ist nur ein Standpunkt, es sind nicht „Sie". Weil „Ihr" Standpunkt Sie nicht gefangen hält, verstricken Sie sich nicht in Emotionen, wenn er zur Diskussion gestellt wird.

Sie können in Offenheit zuhören. Dies erlaubt Ihnen, sich in eine andere Person hineinzuversetzen und ihren Standpunkt zu akzeptieren. Dies wäre nicht möglich, wenn Sie völlig von Ihrer Überzeugung vereinnahmt wären. Wenn Sie in der Lage sind, einen anderen Standpunkt einzunehmen, entsteht Empathie und Verständnis. Aus einem solch ausgeglichenen Gespräch erwachsen Respekt und Toleranz. Und Sie erhalten darüber hinaus die Chance, neue Möglichkeiten zu sehen und die Dimensionen auszuloten.

2. Respektvolle Kommunikation

Man kann nicht nicht kommunizieren.

Paul Watzlawick

Untersuchungen haben ergeben, dass wir auch ohne Worte kommunizieren. Unsere Bedürfnisse, Wünsche und Werte sind auf eine gewisse Weise immer präsent, wenn wir mit anderen in Beziehung sind. Wir können sie auch bewusst kommunizieren.

Durch die Achtsamkeitspraxis lernen wir zu erkennen, wann wir reagieren und wann wir auf eine Situation antworten. Solange Sie das Gefühl haben, dass die Emotion die Oberhand hat, ist die Kommunikation sehr schwierig oder gestört. Ihre Interpretationen und Meinungen sind häufig stark verzerrt. Selbst wenn Sie der Ansicht sind, dass Sie Recht haben, kommen Ihre wertenden und emotionalen Worte selten richtig an.

Deshalb beginnen wir immer mit einer Atempause. Auf diese Weise geben wir unseren Gefühlen Raum. Dieser Raum sorgt dafür, dass wir uns nicht in unseren Ängsten und reaktiven Bewertungen verstricken. Die auf der folgenden Seite beschriebene STAR[6]-Atempause ermöglicht es Ihnen, in schwierigen Situationen angemessen zu reagieren.

Atempause

Erinnern Sie sich an einen schwierigen Moment.
Welche Gedanken tauchen auf?
Möchten Sie diese Gedanken in Worte und Taten umsetzen?
Was hilft Ihnen, diese Entscheidung zu treffen?

---

6   Anm. d. Übers.: STAR steht für Stop – Tune in – Ask – Respond (vgl. nächste Seite)

Achtsamkeit ist der Schlüssel. Es geht um die Möglichkeit, wahrzunehmen, was da ist, und dem Raum zu geben: unsere eigenen Gefühle und Wünsche und die Gefühle und Wünsche des Gegenüber. Auf diese Weise werden wir von unseren Vorstellungen und Anforderungen nicht so sehr vereinnahmt. Es geht darum, innezuhalten und die Aufmerksamkeit nach innen zu richten: *innehalten & einlassen.* In diesem freundlichen Raum können wir unseren Blickwinkel verändern und eine angemessene, respektvolle Antwort auf die Situation finden: *fragen & antworten.*

Dies erfordert Übung. Unsere Art zu kommunizieren ist zu einer Gewohnheit geworden und Gewohnheiten sind mächtig. Es bedarf eines entschiedenen Vorsatzes, innezuhalten und die Impulse und Absichten wahrzunehmen, bevor Sie aussprechen, was Sie sagen möchten. Dies erlaubt Ihnen, Ihre eigenen Bedürfnisse und diejenigen von anderen besser einzuschätzen, so dass alle Seiten zu ihrem Recht kommen.

Innehalten

Schweigen ist Gold

Wenn uns eine Emotion überwältigt, zeigt sich dies auch in unserer Kommunikation. Wir beschweren uns oder klagen wütend an. Wir spielen ein Spiel, in dem es um Schuld und Rache geht. „Du machst mich wütend, weil du nicht kommunizieren kannst." „Du bist schuld, dass ich so angespannt bin." Meistens sprechen wir diese Worte schneller aus, als uns lieb ist. Das ist typisches Reagieren. Wir fühlen uns angespannt, wir hassen, was wir fühlen, und schieben einer anderen Person die Schuld dafür in die Schuhe.

Haben Sie schon einmal versucht, jemanden von etwas zu überzeugen, während Sie sehr verärgert waren? Was kommt dabei heraus?

Dabei geht es gar nicht darum, wer schuld ist und wer nicht. Wie wir sehen, trägt diese Art von Kommunikation wenig zur Lösung von Problemen bei. Wenn Sie von Ihren Emotionen völlig in Beschlag genommen werden, sorgen Sie nur für ein großes Durcheinander. Solange wir bewerten, gelangen wir nirgendwo hin. Bewerten ist Tun. Es geht darum, ins Sein zu wechseln.

Solange Sie Ihrer geistigen oder verbalen Reaktionen nicht gewahr sind, bleiben Sie gefangen. Sobald Sie aber beschließen, so nicht weiterzumachen zu wollen, beginnen Sie innezuhalten.

Innehalten erfordert, den zwanghaften Versuch loszulassen, andere von unserer Meinung zu überzeugen. Es bedeutet einen Moment der Demut, einen Moment, in dem die Waffen schweigen. Es bedeutet, die Aufmerksamkeit vom Inhalt Ihres Gedankens auf die nicht wertende Wahrnehmung zu lenken, dass ein Prozess und ein Konflikt im Gange sind. Damit wechseln Sie vom Tun ins Sein.

Wenn Sie glücklich sein wollen, lassen Sie los.

Einlassen

Die Fähigkeit, nicht auf eine Emotion zu reagieren, sondern bei ihr zu bleiben und ihr Raum zu geben, ist ein erster Schritt in Richtung Weisheit und liebende Beziehungen.

Durch das Innehalten können wir unser Gewahrsein nach innen richten und wahrnehmen, was jetzt gerade geschieht. Wir konzentrieren uns auf den Atem und geben dem Raum, was ist, ohne darauf zu reagieren. Was fällt Ihnen auf, wenn Sie Ihr Gewahrsein nach innen richten? Ströme von Gedanken, Impulse, das Gespräch fortzusetzen, körperliche Anspannung und inmitten all dessen: der Atem.

Verankern Sie Ihr Gewahrsein im Atem, während Sie dem Raum geben, was ist. Dies erfordert eine nicht wertende, freundliche Aufmerksamkeit gegenüber dem Moment, auch wenn das Empfundene unerwünscht ist. Nehmen Sie sich genügend Zeit, um dem gegenwärtigen Augenblick Raum zu geben.

Dies ist ein wichtiger Schritt. Es reicht schon aus, sich eine Minute Zeit zu nehmen und das Gewahrsein auf das Erleben zu richten, um Ihre Beziehung zu Ihren Gefühlen und damit zu der Situation zu ändern. Sobald Sie sich die Zeit genommen haben, um auf das zu hören und das zu betrachten, was jetzt ist, was Sie jetzt erleben, können Sie wahrnehmen, was sich vor Ihnen befindet, in dieser Situation.

Wenn wir sofort zu Schritt 3 (Fragen) übergehen und mit Denken beginnen, dann ist dies reaktives, konditioniertes Denken. Wir empfinden Druck und emotionale Unklarheit. Die Weisheit des gegenwärtigen Augenblicks findet sich nur in der stillen Freundlichkeit, die Sie Ihrem Erleben entgegenbringen.

Sie können anderen gegenüber nicht freundlich sein,
solange Sie nicht zuerst Ihrer Wut mit Freundlichkeit begegnen.

Fragen

Bin ich bereit, zunächst in die Stille zu gehen, auf meine innere Stimme zu hören und nicht sofort zu reagieren?

Um in Kontakt mit der inneren Weisheit kommen zu können, müssen wir zunächst in die Stille gehen. Wenn wir sofort reagieren, ohne zumindest einmal bewusst ein- und auszuatmen, übernehmen alte Reaktionsmuster die Führung. Dieser stille Ort ist ein Raum, in dem es keine emotionale Frustration gibt. Nur dann können wir uns fragen:

* Wie kann ich mit der Situation am besten umgehen?
* Wie kann ich auf diese Situation antworten?

Bleiben Sie mit Ihrer Aufmerksamkeit im Atem und in Ihrem Körper verankert, während Sie still werden und lauschen. Diese Fragen bringen Sie in Kontakt mit der Weisheit des Augenblicks. Diese Weisheit ist in der Freundlichkeit präsent, die Sie Ihrem Erleben entgegenbringen.

Beginnen Sie nicht, über die Fragen nachzudenken, sondern stellen Sie sie sich und begeben Sie sich dann in die Stille des Seins. Wenn Sie durch Denken eine Antwort suchen, gehen Sie von der Vergangenheit aus. Lassen Sie die Antwort aus dem vollkommenen Erleben des gegenwärtigen Augenblicks aufsteigen. Manchmal sind Sie vielleicht noch emotional und wollen etwas sagen. Dann kann es hilfreich sein, sich zunächst drei Fragen zu stellen. Erinnern Sie sich an die Geschichte über Sokrates. Sie entsprechenden den kognitiven Fragen, die wir zu Beginn dieses Kapitels behandelt haben.

* Ist es wahr?
* Ist es nützlich?
* Wird es von Güte geleitet?

Respektvoll Antworten

Werden Sie sich gewahr, wie Sie etwas sagen, während Sie es sagen. Freundlich mit Worten zu sein bedeutet Freundlichkeit in Ihrem Erleben. Freundlich mit Worten zu sein bedeutet, dem Gegenüber freundlich zu begegnen.

Wenn Sie in Schritt 2 (Einlassen) Ihren Gefühlen Raum gegeben und in Schritt 3 (Fragen) der Stille gelauscht haben, wird Schritt 4 zu einem sanften, natürlichen *Fluss*.

Sanfte Worte tragen Respekt in sich. Ohne Respekt kann das Gegenüber nichts empfangen. Versuchen Sie, jemanden von etwas zu überzeugen, wenn Sie ärgerlich sind. Vielleicht gibt er aus Furcht vor Ihrem Ärger nach. Er wird seine Position jedoch nicht aufgeben, weil er tiefen Respekt für Sie empfindet.

Sie werden nur respektvoll behandelt, wenn Sie respektvoll sind.

Untersuchungen haben gezeigt, dass es nicht nur wichtig ist, was Sie sagen, sondern auch, wie Sie es sagen. Achten Sie auf Ihre Körpersprache und den Klang Ihrer Stimme. Klingt Ihre Stimme hart, haben Sie Ihren Gefühlen wahrscheinlich noch nicht genügend Raum gegeben. Wenn Sie mehr Zeit benötigen, ist es unter Umständen besser, das Gespräch zu einem anderen Zeitpunkt fortzusetzen. Die Botschaft lautet, aus der Achtsamkeit zu kommunizieren, und nicht aus der Emotion heraus.

Kann ich meine Wahrheit aussprechen,
ohne jemanden aus meinem Herzen zu verbannen?

Ausgeglichene Kommunikation bedeutet nicht
die Abwesenheit von Wut, Angst oder
einer anderen Emotion.
Für eine ausgeglichene Kommunikation bedarf es
des Gewahrseins dieser Emotion,
um aus diesem größeren Achtsamkeitsraum
zu kommunizieren,
statt aus der von der Emotion
erzeugten Anspannung heraus.

In der Kommunikation
zählt nur die Wirkung

Alles, was wir sagen und tun,
entscheiden wir selbst,
aber oft ist es keine freie Entscheidung.

AUSGEGLICHENE KOMMUNIKATION

In der Meditation erfahren wir nicht nur etwas über unsere Bedürfnisse und Meinungen, sondern auch darüber, wie wir sie kommunizieren. Eine ausgeglichene Kommunikation gelingt nicht immer ohne Anstrengung. Sie erfordert, innezuhalten und wahrzunehmen, was ist.

Gefühle wie Stolz, Verachtung und Befürchtungen können einer respektvollen Beziehung im Wege stehen. Depressive Gefühle können das Interesse verringern, uns selbst und anderen intensiv zuzuhören. Diese Gefühle gehen häufig mit Bewertungen einher, die unser Herz einsperren.

Mit anderen in Beziehung zu sein ist nicht immer einfach. Wir alle haben unsere Träume und Erwartungen. Je mehr wir etwas von jemandem wollen, desto stressiger gestaltet sich die Beziehung. Je mehr Druck ausgeübt wird, desto mehr leidet die Menschlichkeit. Deshalb sollten wir uns beider Aspekte gewahr bleiben und sie, so gut es geht, nebeneinander bestehen lassen. Wenn wir uns gegenseitig Raum zum Sein geben, wird die Beziehung von einer anderen Energie geprägt, die eine langfristige Kooperation fördern kann.

Kommunikation verlangt Engagement. Mit der STAR-Kommunikation schaffen Sie Raum für sich und für Ihr Gegenüber. So ist eine ausgeglichene Kommunikation möglich. Durch das Fokussieren verleihen wir unseren Erfahrungen Klarheit und Weichheit. Wir nehmen wahr, was hier ist, und geben dem Raum. Wir lassen uns nicht länger von unseren eingebildeten Katastrophenszenarien und den daraus resultierenden unangenehmen Gefühlen überwältigen.

Sie können zuhören und Ihren eigenen Standpunkt respektvoll vertreten. Sie respektieren sich und Ihr Gegenüber. Sie sind offen für Gespräche über Konflikte. Sie reagieren nicht sofort defensiv. Sie versuchen, die andere Person zu verstehen, und bemühen sich, dass Sie verstanden werden. Sie wagen es, für das einzustehen, was Ihnen wichtig ist. Sie äußern sich auf freundliche und kraftvolle Weise. Sie praktizieren Win-Win-Denken[7]. Dies schafft Frieden und ermöglicht lang anhaltende Beziehungen. Die anderen fühlen sich respektiert.

AUS DEM GLEICHGEWICHT GERATEN

Wir betrachten nun zwei häufig auftretende Muster, die einer ausgeglichenen Kommunikation entgegenwirken: Überkochen und Erstarren. Diese Muster sind an sich kein Problem. Es ist jedoch wichtig zu sehen, wie Sie in Beziehung zu ihnen treten und wer dann Ihr Schiff steuert: Ihre harte Stimme oder Ihre sanfte Stimme. Wenn Sie überkochen, kann Ihre Stimme sehr hart werden. Wenn Sie erstarren, verfallen Sie möglicherweise ins Jammern und Klagen. Dann richtet sich die harte Stimme nach innen. In beiden Fällen werden Sie Ihre Wünsche kaum in ausgeglichener und respektvoller Weise kommunizieren. Das Muster des Überkochens oder Erstarrens muss einer respektvollen Kommunikation trotzdem nicht im Wege stehen. Sie können es erkennen und fühlen und dennoch den Kurs ändern.

Atempause

Innehalten und atmen.

Bemerken Sie Rachegedanken?

Möchten Sie diese Gedanken wirklich nähren?

---

7 Das Denken eines beiderseitigen Gewinns in einem gemeinsamen Projekt oder Markt wird, bildhaft nach amerikanischem Vorbild, als Win-Win-Strategie bezeichnet.

Albert ist ein geachteter und erfolgreicher Geschäftsmann. Er wird wegen seiner Freundlichkeit und Bereitschaft, jedem Menschen zuzuhören, geschätzt. Vor kurzem machte er Skiurlaub. Als er eines Mittags das Restaurant verlassen wollte, folgte ihm ein Mann und sprach ihn an. „Sie haben meine Handschuhe genommen", sagte der Mann in vorwurfsvollem Ton. Albert antwortete respektvoll, dass dies seine Handschuhe wären. „Das stimmt nicht", erwiderte der Mann und wurde ziemlich aggressiv. Daraufhin entgegnete Albert: „Ich denke nicht, dass es sich lohnt, um ein Paar Handschuhe zu streiten. Behalten Sie sie." Damit drehte er sich um und verließ das Restaurant.

Als er an diesem Nachmittag gerade seine Ski anschnallen wollte, kam jener andere Mann plötzlich aus einem Haus und ging auf Albert zu. „Ich muss mich entschuldigen, denn ich habe meine Handschuhe gefunden", sagte er und gab die Handschuhe zurück.

Ich habe das Gesicht des Mannes nicht gesehen, doch ich denke, dass er beeindruckt war und dass er hoffentlich etwas gelernt hat. Für Albert war klar: „Mich aufzuregen ist wie mit heißen Kohlen zu werfen", sagte er. „Es sind meine Hände, die ich mir zuerst verbrenne. Das sind die Handschuhe nicht wert."

*Wenn du auf Ärger
mit Ärger reagierst,
folgt mehr Ärger.*

Buddha

Wenn Sie gereizt sind, kann sich dies in Ihrer Art zu kommunizieren zeigen. Es kann sich anfühlen, als ob ein Vulkan ausbricht und Ihre Meinungen zu Lava werden. Sie haben das Gefühl, dass Sie unbedingt gehört werden müssen, und Sie betrachten Ihren Standpunkt als den einzigen, der die Situation retten kann. Dem Ganzen kann jedoch etwas von einem „Vernichtungsschlag" anhaften: Ich habe Recht, du hast Unrecht. Ich weiß es, du nicht. Ich zähle, du nicht.

Sich durchgesetzt zu haben gilt als Sieg. Sie haben erst dann den Eindruck, gehört worden zu sein, wenn man Ihnen zustimmt. Recht zu haben kann zwar wichtig sein, es ist jedoch interessant, was Sie bei sich beobachten, wenn Sie darauf bestehen, Recht zu haben. Wir sind alle so von unseren Argumenten und Gedanken in Anspruch genommen, dass wir oft noch nicht einmal bemerken, was in unserem Körper vor sich geht. Indem wir unsere Aufmerksamkeit auf die unmittelbare Erfahrung richten, bemerken wir, wie viel Kampf da ist. Häufig ist der Körper etwas angespannt. Das trägt nicht wirklich zum Glück bei.

In der Achtsamkeitspraxis erfahren wir den Preis,
den wir für unsere Rechthaberei zahlen.

Jenny beschrieb dies so: „Wenn mir jemand Recht gibt,
fühle ich mich ‚ganz kurz‘ besser."

Wenn Sie auf Ihrem Recht bestehen, sorgen Sie für unnötiges Leiden. Sie sind nicht mehr in der Lage zuzuhören. Sie verhärten sogar und behandeln Ihr Gegenüber geringschätzig oder verletzen es. Einige Menschen nicken dann vielleicht, gehen aber auf Distanz. Sie meiden unter Umständen den Kontakt mit Ihnen. Durch unser Bedürfnis, Recht haben zu müssen, können wir uns isolieren.

Stellen Sie sich folgende Frage:
Was stelle ich fest?

Sie machen völlig dicht und laufen weg. Sie sehen keine Möglichkeit, mitzuteilen, was Ihnen wirklich wichtig ist. Sie fürchten die Konsequenzen. Sie beginnen, Ihre Wünsche und Bedürfnisse beiseite zu schieben. Sie werden sehr passiv.

Auch in diesem Fall spüren Sie möglicherweise Ärger oder andere Emotionen, wagen aus Angst aber nicht, sie auszudrücken. Sie leiden still. Im Stillen klagen Sie manchmal auch oder verurteilen andere.

Sie trauen sich auch nicht, „nein" zu sagen. Manche Menschen sagen niemals „nein", weil Sie sich sonst schuldig fühlen oder Angst haben, jemanden zu verletzen oder abgewiesen zu werden. Jemand hat das einmal so erklärt: „Ich bin dann nicht mehr der sympathische Typ." Wenn ich „nein" sage, verliere ich mich in endlosen Erklärungen, die oft kaum etwas mit der Situation oder Realität zu tun haben. Ich überspiele damit meine Unsicherheit.

Da ist die Angst, in anderen unangenehme Gefühle auszulösen. Sie zögern. Sie hoffen, niemanden zu stören. Sie treten nicht für sich ein. Auf diese Weise hoffen Sie, Konflikte zu vermeiden.

Es funktioniert nicht. Tief in Ihnen sitzt der Konflikt. Sie sind frustriert und haben das Gefühl, nicht beachtet zu werden. Sie glauben, der Fehler läge bei jemand anderem, doch Sie vergessen, dass Sie nicht aussprechen, was Ihrer Ansicht nach wichtig ist. Vielleicht beklagen Sie sich auch oder tratschen in der Hoffnung, auf diese Weise Aufmerksamkeit zu bekommen. Sie teilen jedoch nicht mit, was wirklich in Ihnen vorgeht. So isolieren Sie sich.

Stellen Sie sich folgende Frage:
Was stelle ich fest?

....

....

Still werden
Mir selbst Raum geben
Tief in mich hineinhören
Was sagt mir mein Gefühl?

Was will ich wirklich sagen?

DAS GLEICHGEWICHT ZWISCHEN „JA" UND „NEIN"

Respektvolle Beziehungen sind nicht möglich, wenn Sie nicht „nein" sagen können. Es geht um Selbstachtung. „Nein" ist die einfachste Möglichkeit, zu zeigen, wo die Grenzen sind. Können Sie sich an die Spannung und den Widerwillen gewöhnen, die ein „Nein" hervorrufen? Achten Sie vor allem auf Ihren Körper, während Sie sich für das öffnen, was sich zeigt, wenn Sie „nein" sagen. Manchmal sind es Schuldgefühle, manchmal ist es Angst und manchmal Wut. Bleiben Sie über den Atem zentriert.

Atmen Sie mit dem Gefühl eines „Nein" und verbinden Sie sich mit dem weiteren Blickwinkel. Wenn Sie das unangenehme Gefühl bewusst wahrnehmen können, verhindern Sie, dass Sie sich aufgrund der Spirale negativer Gedanken noch schlechter fühlen. Wie lange können Sie an einem „Ja" festhalten, wenn es für Sie eigentlich ein „Nein" ist?

Ein Mann erzählte, dass er sich nicht traute, nein zu einer ehrenamtlichen Tätigkeit zu sagen, die er drei Jahre zuvor angenommen hatte. Wie viel Freiheit bleibt ihm?

WAS GIBT MIR EIN „NEIN"?

Niemand bekommt gerne ein „Nein". Oft fühlt es sich zunächst wie eine Kränkung an. Ein „Nein" löst leicht unangenehme Gefühle aus. Diese Gefühle ziehen einen ganzen Rattenschwanz an Gedanken nach sich: „Sie kann mich doch nicht so im Regen stehen lassen!", „Sie denkt nur an sich!", „Ich habe Ihr doch auch schon geholfen!". Solche Gedanken verstärken sich nur und können Frustration hervorrufen. Manchmal reagieren wir hart und fordern eine Erklärung.

Können Sie dem zunächst frustrierenden Gefühl des „Nein" Raum geben, damit es Sie nicht so sehr mitreißt?

Wenn Sie feststellen, dass Sie von Ihren Urteilen und Reaktionen auf das „Nein" vollkommen in Beschlag genommen werden, kann es hilfreich sein, sich Folgendes zu fragen: „Kann ich dem Gegenüber ein ‚Nein' zugestehen?" Sagen Sie „Ja" zu dem Gefühl. So können Sie sich nach und nach des Wertes eines „Nein" bewusst werden. Möchten Sie lieber in einer Welt leben, in der jeder Mensch sich selbst sein kann? Das bedeutet, dass Sie dem „Nein" der anderen ebenfalls Raum geben.

Wenn Sie beginnen, authentisch „nein" zu sagen,

fühlen Sie sich vielleicht manchmal schuldig.

Lassen Sie sich davon nicht beirren.

Sie stehen für das ein, was für Sie wichtig ist,

und die anderen wissen, woran Sie bei Ihnen sind.

Wo wollen Sie „nein" sagen, obwohl Sie „ja" meinen?

Können Sie einfach freundlich „nein" sagen?

Zuhören ist ein Kompliment und schafft Verbindung

Zuhören erfordert Mut. Es bedeutet, sich dem Unbekannten zu öffnen, statt sich auf das zu fixieren, was man für wahr hält. Wir fühlen uns oft nur dann wohl, wenn wir meinen, „es" zu kennen. Folglich gehen wir häufig von Annahmen über den anderen oder die Situation aus. Und dann glauben wir, diese Annahmen seien die Wahrheit.

Nicht zu wissen heißt loslassen. Loslassen erfordert Mut. Es bedeutet, sich *dem Unbekannten* öffnen. „Wir fühlen uns oft nicht wohl, wenn wir nicht wissen. Wie das Sprichwort sagt: Unbekannt macht unbeliebt. Wenn wir wissen, fühlen wir uns ein bisschen besser und sicherer. Das Ereignis scheint berechenbar und wir haben den Eindruck, es unter Kontrolle zu haben. Es kann ein Gefühl von Identität vermitteln. Unsicherheit macht das Leben dagegen interessanter. Wenn wir schon alles kennen würden und alle Handlungen und Reaktionen kontrollieren könnten, wäre das Leben sehr langweilig.

Wer würde mit jemandem sprechen wollen,
dessen Antworten er bereits kennt?
Wer möchte spielen,
wenn alles schon im Vorfeld entschieden ist?

Unsicherheit ist Teil der Realität. Veränderung gehört zum Leben. Versuchen Sie doch einfach mal, sich in den nächsten 10 Jahren nicht zu verändern. Schon der griechische Philosoph Heraklit sagte, dass *man nicht zweimal in denselben Fluss steigen könne.* n der Achtsamkeitspraxis machen wir uns mit dem Gefühl von Unsicherheit und kontinuierlichem Wandel vertraut. Wir lernen, Wissen und Meinungen als das zu betrachten, was sie sind. Sie sind nicht die Wirklichkeit. Nur „nicht wissen" zeigt den gegenwärtigen Augenblick. Dies bedeutet, hinzuhören und uns für das sich ständige wandelnde „Jetzt" zu öffnen.

DER **STAR** DES ZUHÖRENS

Freunde sind Menschen, die „Wie geht es dir?"
fragen und auf eine Antwort warten.

Zuhören ist nicht einfach. Wir haben unendlich viele Meinungen und Urteile. Wir wollen andere unbedingt davon überzeugen, dass wir im Recht sind. Das ist keine ausgeglichene Kommunikation. Der STAR des Zuhörens kann uns helfen, ausgeglichen zu kommunizieren. Was genau ist erforderlich, um zuhören zu können?

Innehalten
Denken Sie daran, Ihren Impuls, zu sprechen, loszulassen.

....

....

Einlassen
Atmen Sie und geben Sie Ihren Gefühlen Raum.

....

....

Fragen
Verstehe ich dich richtig, dass ...

....

....

Antworten
Was machen wir jetzt damit?

....

....

Atempause
Still werden
Wem möchte ich zuhören?

Ein Streit lässt sich nicht lösen,
indem wir ohne Unterlass Argumente ins Feld führen,
sondern indem wir ihm einen größeren Raum geben.

Das Geschenk des Willkommenheißens

Wenn Sie willkommen sind,
können Sie sich entspannen.
Wenn Sie willkommen sind,
können Sie Sie selbst sein.
Wenn Sie willkommen sind,
müssen Sie nichts beweisen.

Kann ich Menschen willkommen heißen,
statt sie an meinen Maßstäben zu messen?

Der offene Raum des Himmels
lässt sich von niemandem daran hindern,
er selbst zu sein.
Er gewährt allem mit Gleichmut Raum.

Die Standfestigkeit des Berges lässt nicht zu,
dass jemand ihn daran hindert, er selbst zu sein.
Er ist von innen heraus stark und weiß, wofür er steht.

3. Berg und Himmel im Gleichgewicht

Berg und Himmel sind zwei kraftvolle Bilder. Der Berg steht für Standfestigkeit, Stärke und Präsenz. Der Berg hilft Ihnen, „nein" zu sagen und Ihrer Entscheidung oder Ihrem Standpunkt Kraft zu verleihen.

Der Himmel ist ein Symbol für Offenheit, Freundlichkeit und Empfänglichkeit. Der Himmel hilft Ihnen, zuzuhören und Raum neben Ihren Meinungen zu lassen.In der Achtsamkeitsmeditation kultivieren wir die Qualitäten von Berg und Himmel.

ANLEITUNGEN ZUR BERG- UND HIMMEL-MEDITATION

Sitzen Sie bei dieser Meditation möglichst auf einem festen Kissen auf dem Boden. Richten Sie Ihre Aufmerksamkeit nun vor allem auf den Kontakt des Körpers mit der Unterlage. Nehmen Sie sich genügend Zeit, um sich zu ankern. Seien Sie des Kontakts mit dem Boden gewahr und erlauben Sie sich, in diesem Kontakt anzukommen. Spüren Sie die Festigkeit und Tragfähigkeit des Bodens.

Seien Sie sich auch Ihres übrigen Körpers gewahr. Ihr Kopf ist gerade, Ihre Schultern sind entspannt und die Schulterblätter bewegen sich leicht aufeinander zu, um den Brustraum zu öffnen. Ihre Hände ruhen auf Ihren Oberschenkeln. Lenken Sie Ihre Aufmerksamkeit auf die stabile und würdevolle Haltung, die Sie eingenommen haben. Erlauben Sie Ihrem Körper, ruhig zu werden, und richten Sie Ihr Gewahrsein auf Ihren Atem. Beobachten und spüren Sie jeden Atemzug, das Ein- und Ausatmen – ohne etwas ändern zu wollen.

Lassen Sie nun einen majestätischen Berg vor Ihrem geistigen Auge erscheinen. Betrachten Sie seine Form, den Gipfel, die abfallenden Seiten und den massiven Fuß, der fest in der Erde verankert ist.

Während Sie atmen, können Sie zu dem Berg werden. Lassen Sie Ihren Kopf den Gipfel sein und die Schultern und Arme die abfallenden Seiten des Berges. Ihr Gesäß und die Beine bilden das feste Fundament, das mit dem Boden oder dem Stuhl in Kontakt ist. Spüren Sie, wie Sie tief in den Bauch hineinatmen. Spüren Sie auch die von Ihrem Fundament aufsteigende Kraft und werden Sie mit jedem Atemzug etwas mehr zu einem atmenden Berg. Eine kraftvolle, reglose Präsenz. Seien Sie von Moment zu Moment, von Atemzug zu Atemzug präsent im Hier und Jetzt.

STABILITÄT INMITTEN DES WANDELS

Nehmen Sie den ständigen Wandel um den Berg herum wahr. Im Sommer ist alles grün und im Winter ist der Berg schneebedeckt. Manchmal ist der Berg in Wolken oder Nebel eingehüllt, manchmal ist er trocken und manchmal feucht.

In all dem bleibt der Berg still präsent, nur er selbst inmitten dieser Transformationen. Der Berg bleibt Berg, während sich die Jahreszeiten ändern.

DIE JAHRESZEITEN MEINES LEBENS

Manchmal tobt um den Berg ein starker Sturm mit Schnee, Regen und Windböen, manchmal wird es richtig kalt. Doch nichts erschüttert den Berg in seiner majestätischen Kraft. Der Berg bleibt vom Wetter unberührt und unbeeindruckt von dem, was kommt und geht. Die Schönheit des Berges bleibt – im Sonnenschein oder zwischen Wolken, Tag und Nacht. Der Berg bleibt ungeachtet dessen, was um ihn herum geschieht, einfach er selbst.

Manchmal erleben unser Geist und Körper heftige Stürme. Windböen, Kälte und Regen setzen uns zu und wir erleben Zeiten der Dunkelheit und des Schmerzes, aber auch Zeiten der Freude und des Wohlbefindens.

Auch Sie können den Veränderungen in der Welt und in Ihrem Leben in Würde begegnen. So wie Sie sind, sind Sie wundervoll – ganz gleich, ob Sie erfolgreich sind oder scheitern, ob Sie gelobt oder gedemütigt werden. Dies können Sie vom Berg lernen. So, wie Sie JETZT sind, sind Sie wundervoll.

DER HIMMEL

Zweifeln Sie nicht am Blau des Himmels,
wenn dunkle Wolken den Tag verdüstern.

Aus Indien

Verbinden Sie sich mit der Weite und Offenheit des Himmels über dem Berg, während Sie die Stabilität spüren, die der Berg Ihnen schenkt. Wir können uns emotional mit dem Himmel verbinden.

Der Himmel steht für Bewusstheit: leicht, weit, still, alles umschließend und tragend. Um eins mit dem Himmel werden zu können, müssen Sie still werden und mit Ihrem ganzen Sein lauschen.

OFFENHEIT INMITTEN DES WANDELS

Auch der Himmel kennt Wolken, Wind und Sturm. Inmitten all dieser Veränderungen bleibt der Himmel immer Himmel. Ob es sonnig ist oder regnet, das Wesen des Himmels bleibt davon unberührt. Der Himmel bietet Raum für Zulassen und Loslassen. Dinge kommen und gehen, ob Sie es wollen oder nicht.

DIE JAHRESZEITEN MEINES HERZENS

Ob Lob, Kritik, Freude, Traurigkeit, Gewinn, Verlust, Wohlbefinden, Schmerz, der Himmel hilft uns, der Realität des Augenblicks Raum zu geben. Nur wenn wir uns diesen Realitäten ganz öffnen können, werden sie uns nicht überschwemmen. Und wenn wir von ihnen überschwemmt werden, können wir auch diesem Geschehen freundliche Aufmerksamkeit schenken.

Der Himmel gibt dem Raum, was ist. In diesem größeren Raum werden die Dinge weniger bedrohlich. Wir betrachten Gedanken und Emotionen als Wetteränderungen, als etwas, das kommt und geht. Wir wissen, dass die Sonne selbst bei schlechtem Wetter hinter den Wolken scheint und dass auch ein heftiger Regen vorübergeht.

4. Tägliche Übungen

1. Praktizieren Sie die Berg- und Himmel-Meditation

Sie können sich auch in einer Atempause an den Berg erinnern. Manchen Menschen gibt dies zusätzlich Kraft. Sie können sich aber auch einen Baum vorstellen.

Beschreiben Sie Ihre Meditationserfahrungen

....

....

....

....

....

2. Arbeiten Sie mit den Fragen aus dem Kapitel „Gedanken sind keine Tatsachen".

Wählen Sie einige Fragen aus, die sich für Sie stimmig anfühlen, und bauen Sie sie in eine Atempause oder eine STAR-Übung ein. Dies bietet sich vor allem dann an, wenn Emotionen Sie in Zeiten akuten Stresses zu überwältigen drohen.

Schreiben Sie Ihre Fragen hier auf.

....

....

....

....

....

3. Richten Sie in dieser Woche besondere Aufmerksamkeit auf Ihre Kommunikation.

Lassen Sie sie Ihre respektvolle Antwort auf eine stressgeladene Situation sein. Wenden Sie einen ganzen Tag lang bei jedem Gespräch das STAR-Prinzip an. Wie war das?

* Beschreiben Sie eine Situation, in der Sie die ganze Wahrheit nicht auszusprechen wagten oder wollten. Was stand im Weg?

....

....

....

....

* Beschreiben Sie eine Situation, in der Sie nicht ganz aufmerksam zugehört haben. Was stand im Weg?

....

....

....

....

* Beschreiben Sie eine Situation, in der Sie ja sagen wollten, es Ihnen aber nicht gelang. Was genau geschah? Was fühlten Sie?

....

....

....

....

* Beschreiben Sie eine Situation, in der Sie nein sagen wollten, es Ihnen aber nicht gelang. Was hat Sie abgehalten?

....

....

....

....

4. Vorschläge

Beobachten Sie, welche Gedanken Sie produzieren, wenn Sie sich in einem emotionalen Zustand befinden. Wie „hilfreich" sind sie?

Können Sie zuhören, ohne zuzustimmen oder Einspruch zu erheben und ohne das Gehörte als gut oder nicht gut einzustufen? Versuchen Sie dies eine volle Minute lang.

Werden Sie sich Ihres „Kampfes" bewusst und spüren Sie Ihren Körper, während Sie einen Standpunkt verteidigen.

Welche Erfahrungen haben Sie gemacht?

....

....

....

....

....

5. Reflexion

Welche Gedankenmuster wollen Sie nicht länger nähren?

....

....

....

....

Inwieweit könnte der Spruch auf der folgenden Seite bei der Entscheidung, ob Sie sprechen oder schweigen wollen, für Sie wichtig sein?

....

....

....

....

Alles Gute für diese Woche.

Möge ich
die Gelassenheit haben,
Dinge hinzunehmen,
die ich nicht ändern kann,
den Mut,
Dinge zu ändern,
die ich ändern kann,
und die Weisheit,
das eine vom anderen zu unterscheiden.

Willkommen zu Woche 7

Dem Leben Achtsamkeit schenken

Das Gelassenheitsgebet:
*Dem **Jetzt** Zeit geben*

Es war einmal ein Mann, der in einer Hütte am Meer lebte. Jeden Tag fuhr er mit seinem Boot hinaus auf das Meer und fing genug Fische, um sich und seine Familie ernähren zu können. Abends traf er sich mit seinen Freunden in der Bar und spielte Banjo. Und so ging sein Leben dahin. Eines Tages kam ein reicher Mann und beobachtete den Fischer. Er sagte zu ihm: „Du solltest besser zweimal auf das Meer hinausfahren."

Der überraschte Fischer fragte: „Warum sollte ich noch einmal hinausfahren, wenn ich doch schon genug Fische gefangen habe?"

„Wenn du doppelt so viele Fische fängst", sagte der andere, „kannst du die Hälfte verkaufen.

Und für das Geld kannst du dir ein zweites Boot kaufen." „Was sollte ich mit zwei Booten anfangen?" fragte der Fischer verwirrt. „Mit dem zweiten Boot kannst du noch mehr Fische fangen und verkaufen. Dann kannst du noch mehr Boote kaufen und noch mehr Fische fangen und verkaufen. Und wenn du zwanzig Jahre lang richtig hart arbeitest, kannst du dein Geschäft verkaufen und hast ausgesorgt. Du kannst ein kleines Haus am Meer kaufen, jeden Tag fischen gehen und abends mit deinen Freunden in der Bar Banjo spielen."

Unbekannter Autor

Gönnen Sie sich Ruhe.
Schenken Sie sich Zeit.
Genießen Sie das Hier und Jetzt.

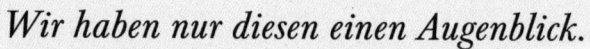

Wir haben nur diesen einen Augenblick.

1. Würdigung des Hier und Jetzt

GLÜCK SCHAUT MIT ANDEREN AUGEN
AUF DIESELBEN DINGE

Das Leben geschieht nur hier und jetzt. Morgen und gestern sind nichts weiter als ein Gedanke. Machen wir also das Beste daraus. Wir wissen nicht, wie viel Zeit uns bleibt. Das ist eine gute Nachricht. Es hilft, würdigende Aufmerksamkeit auf das zu richten, was jetzt da ist. Wie viel würdigende Aufmerksamkeit können Sie dem entgegenbringen, was jetzt da ist? Werden Sie still und schauen Sie sich um. Wie empfinden Sie das „Jetzt"?

Sie brauchen nicht auf die Zukunft zu warten, um ein besseres „Jetzt" zu erhalten. Sie können es im „Hier" finden. In der zweiten Woche haben wir bereits festgestellt, wie leicht wir die schönen Dinge übersehen und wie wenig Aufmerksamkeit wir ihnen schenken. Halten Sie inne und nehmen Sie sich Zeit für die einfachen, alltäglichen Dinge. Vielleicht können Sie einigen Ihrer Tätigkeiten oder spontanen Erlebnissen eine Extraportion Aufmerksamkeit schenken.

Mit welchen Tätigkeiten, Dingen oder Menschen fühlen Sie sich wohl? Können Sie ihnen zusätzliche würdigende Aufmerksamkeit und Zeit schenken?

....

....

....

Dankbarkeit

Sie können die Dankbarkeitsübung nutzen, um die kleinen Dinge des Lebens zu würdigen. Das bedeutet, dass Sie einmal am Tag zehn Dinge aufzählen, für die Sie dankbar sind. Es ist wichtig, dass es zehn Dinge sind, auch wenn es nach drei oder vier Dingen vielleicht schwieriger wird, aber genau dafür ist die Übung gedacht.

LOSLASSEN UND VERTRAUEN

See-Meditation...

Sich vom Leben tragen lassen

Legen Sie sich an einem Ort entspannt hin, an dem Sie ungestört sind. Wenn Sie wollen, können Sie es sich mit Kissen noch bequemer machen. Treten Sie in Kontakt mit Ihrem Atem und Ihrem ganzen Körper und seien Sie so präsent wie möglich im „Nicht-Tun".

Wenn Sie bereit sind, visualisieren Sie einen See und lassen Sie ihn so sein, wie er sich zeigt. Gehen Sie auch in Kontakt zu der riesigen Menge an Wasser, das sich von der willkommen heißenden Erde tragen lässt. Wasser möchte getragen und gehalten werden.

Während Sie immer tiefer in die Matte sinken, können Sie – wie Wasser aus den Bergen, das sich im See sammelt – Ihre Aufmerksamkeit auf die Tiefe Ihres Seins richten. Werden Sie zum See, der sich von der Erde tragen lässt.

Heißen Sie Ihre Erfahrung dieses Moments willkommen
mit der Offenheit und Empfänglichkeit,
mit der die Erde das Wasser trägt,
mit Mitgefühl und in Stille.

Wenn die Oberfläche des Wassers unbewegt ist, betrachten Sie die Sonne, die Bäume, den Mond und die Sterne, die sich im See spiegeln. Würdigen Sie diese Momente vollkommener Ruhe und Unbeweglichkeit. Seien Sie von Moment zu Moment offen und empfänglich für diese Ruhe und bleiben Sie in Stille.

Seien Sie auch offen für Momente der Unruhe,
in denen sich die Oberfläche stark bewegt
und keine Reflexionen mehr zu sehen sind.
Auch dies gehört dazu.

Schauen Sie, ob Sie sich mit dem ganzen Wasser und nicht nur mit der unruhigen Oberfläche verbinden können. Auch wenn sich auf der Oberfläche Wellen zeigen, so ist tiefer im See doch höchstens eine leichte Bewegung zu spüren. Als das können Sie Ihre Emotionen betrachten, die nur an der Oberfläche für Turbulenzen sorgen – wie etwas, das vorübergeht.

Es ist wie der Wind, der über die Wellen streicht. Das Zusammenspiel verschiedener Erfahrungen von Geist und Herz. Gedanken und Gefühle, Beobachtungen und Reaktionen, sie kommen und gehen wie Wellen auf dem See. Es ist das Zusammenspiel von Gedanken und Emotionen, das die Realität des gegenwärtigen Augenblicks ausmacht. Seien Sie mit Offenheit und Mitgefühl präsent und tragen Sie alles mit offenem Geist und Herzen.

Vielleicht wollen Sie diesen Raum und diese Stille jetzt in Ihr Herz einladen und so zu dem ruhigen und annehmenden See werden. Der See kann uns dies lehren und uns an diese Qualitäten in uns erinnern.

Der See schenkt uns die Möglichkeit,
in der Realität dieses Moments zu ruhen
und inmitten des Wandels
Frieden und Getragenwerden zu erfahren.

2. Den Schritt verlangsamen

Wir brauchen nicht mehr zu rennen,
denn wir sind längst angekommen.

Thich Nhat Hanh

Wir leben in einer erschöpften Gesellschaft. Die Hektik, die Anforderungen und die Schnelllebigkeit führen oft dazu, dass wir uns erschöpfen, um später „entspannen" zu können. Dieser Druck und diese Hektik des modernen Lebens sind eine Form von Aggression. Wenn wir zu viele Ziele haben und zu viel von uns erwarten, baut sich Anspannung auf. Diese Anspannung wirkt wie ein Schild, der uns davon abhält, unsere innere Weichheit zu spüren. Wir werden gefühllos und überholen uns auf der Rennstrecke zu unseren Zielen selbst.

Denken Sie an eine Situation, in der Sie unter Termindruck am Computer arbeiteten. Wenn Sie in einem solchen Moment zum Beispiel von Ihren Kindern gestört werden, ist die Chance groß, dass Sie ziemlich gereizt reagieren. Außerdem können Sie das Jetzt nicht in seiner ganzen Fülle genießen.

Wir sind häufig insofern so von der Zukunft in Beschlag genommen, dass noch vieles erledigt werden muss, bevor wir uns etwas Ruhe gönnen können. Folglich betreiben wir fortwährend Krisenmanagement und rennen am Leben vorbei. Die angenehmen Dinge, die das Leben lebenswert machen, werden in den Hintergrund gedrängt. Jetzt haben wir keine Zeit für sie, weil noch so viel zu tun ist und „Priorität" haben „muss". Auf diese Weise leben wir am Leben vorbei.

Reflexion

Inwieweit ist Ihr Leben vom „Müssen" bestimmt,
von Dingen, die dringend und wichtig sind?
Muss alles, was noch erledigt werden muss, „jetzt" erledigt werden?

Gedanken sorgen häufig dafür, dass Sie ununterbrochen etwas tun und somit ohne Unterlass beschäftigt sind. Sie sind davon überzeugt, dass alles noch getan werden muss, und zwar jetzt. Sie beginnen, sich zu zwingen, und Sie leben, als ob Ihre Gedanken die eigentliche Wahrheit sind.

Sie erkennen einen Gedanken nicht als einfach nur „einen" unter vielen möglichen Gedanken und Ansichten. Sie handeln aus einem nicht endenden Zwang heraus. Die Folge ist, dass sowohl die Situation als auch Sie selbst den Gedanken zum Opfer fallen. Die Chancen stehen dann gut, dass Sie sich angespannt fühlen, ohne genau zu wissen, warum. Ihr geschäftiges Treiben hat Sie völlig im Griff.

Ingrid berichtet

Es kommt häufig vor, dass ich bis spät abends am Computer sitze. Danach schlafe ich dann garantiert jedes Mal nicht so gut, bin am nächsten Tag folglich nicht ausgeschlafen und alles fällt mir schwerer. Also arbeite ich wieder bis spät in den Abend, um all die Dinge zu schaffen, die ich mir für den Tag vorgenommen habe. Es dauerte lange, bis ich erkannte, dass ich mir selbst schadete. Ich lernte, mir nicht zu schaden. Ich erkannte, dass es am besten ist, wenn ich bei mir selbst beginne und mir eine Pause gönne, wenn mein Körper sie braucht.

Atempause

Pause für Sie.

Schaden Sie sich?

Wie gut sorgen Sie für sich?

Können Sie Prioritäten setzen und weise entscheiden, was tatsächlich getan werden muss? Vielleicht wollen Sie sich ja eine Liste schreiben und sich dann selbst gratulieren, wenn Sie alles erledigt haben. Dann sagen Sie sich: Das reicht für heute. Dies gibt Ihnen Klarheit und Ihr Leben wird nicht mehr so sehr von solchen fordernden Gedanken bestimmt. Sie können dann auch dem Raum geben, was Sie wirklich tun wollen.

Durch die Felder spaziert…
Das habe ich heute
den ganzen Tag getan.
Was sollte ich sonst tun?
Was willst du
mit deinem wertvollen Leben
anfangen?

M. Oliver

Wenn uns mehr und mehr Verantwortung übertragen wird, scheint weniger Zeit für das zu bleiben, was Spaß macht. „Erst die Arbeit, dann der Lohn." Nach und nach schenken wir den schönen Dingen des Lebens weniger Aufmerksamkeit. Anfänglich geschah dies, um auf uns zu achten und uns nicht zu überlasten. Zuletzt bleibt aber nichts mehr als das „Müssen". Wir haben genau die Dinge aufgegeben, die das Leben lebenswert machen. Folglich wird alles schwerer. Wir geraten in den Sog einer Abwärtsspirale.

Die Botschaft lautet also: „Erst das tun, was Spaß macht."
Dadurch bekommen Sie mehr Energie, mit der sich die Arbeiten, die Sie tun „müssen", leichter erledigen lassen. Dies erfordert einiges an bewusster Willenskraft, um innezuhalten und wahrzunehmen, wie Sie leben, um Ihr Leben dann anders zu organisieren. Es kann jedoch dringend notwendig sein, weil Sie sonst einfach nur Dinge erledigen, ohne das Leben an sich zu erfahren – etwas, das nur im Hier und Jetzt geschieht.

Entscheiden Sie sich für etwas Einfaches. Ein täglicher Spaziergang wirkt sich zum Beispiel positiv auf die Stimmung aus und beugt Depressionen vor. Freunde treffen, am Wochenende ausgehen, mit Kindern spielen oder Sport machen – das sind alles Dinge, die das Leben angenehmer machen und der Mühe wert sind. Fragen Sie sich: Was macht Ihnen wirklich Spaß und gibt Ihnen das Gefühl, lebendig zu sein? Vielleicht ist es ein Kneipenbesuch mit Freunden, ein Bad, eine Massage, ein Saunabesuch, Fahrradfahren, Wandern? Erstellen Sie Ihre persönliche Liste.

Solche Tätigkeiten sind wie ein Bankkonto. Sie bilden eine Reserve, auf die Sie in schweren Zeiten zurückgreifen können. Schauen Sie noch einmal auf Ihre Liste. Eine Liste mit angenehmen Dingen zu erstellen, ist das eine, sie umzusetzen das andere. Darum ist der Fokus so sehr wichtig. Was können Sie in dieser Woche schaffen? Wählen Sie ein oder zwei Dinge aus und unterstreichen Sie, was Sie tun wollen.

Gedanken gehen Ihren Taten voraus.
Seien Sie sich der Gedanken bewusst,
denen Sie nachgehen wollen, und derjenigen,
denen Sie nicht nachgehen wollen.

Ihr Tun hat beträchtliche Auswirkungen auf Ihr Leben.

Was wollen Sie mit Ihrem Leben anfangen?
Zeit ist das schönste Geschenk,
das Sie sich selbst machen können.

3. Auf sich selbst achten

Schwere Zeiten und schwierige Augenblicke gehören zum Leben. Niemand ist davon ausgenommen. Manchmal ist einfach alles zu viel, zu viel Verantwortung, zu viel Arbeit, zu viel Unglück. Der Grund ist nicht immer ersichtlich. Wir können aus heiterem Himmel in eine düstere Stimmung verfallen. Wir stehen morgens auf und fühlen uns schlecht. Gestern war alles noch in Ordnung. Wir analysieren fast automatisch unsere Gefühle. Wir denken über mögliche Gründe nach und bleiben gereizt.

> *Warum fühle ich mich so?*
> *Ich will mich nicht so fühlen.*
> *Gestern ging es mir doch gut.*
> *Ist es, weil ich mit XY gesprochen habe?*
> *Hat es damit zu tun?*
> *Was habe ich diesmal falsch gemacht?*
> *Ich habe doch meditiert?*
> *Kann ich eigentlich irgendetwas richtig machen?*
> *Nichts hilft mir.*

Das Denken ist auf das Produzieren von Lösungen geeicht. Es verbindet alle möglichen Szenarien mit Schuld und Strafe. Wir verlieren uns in Verurteilungen von anderen und von uns selbst. Dass wir uns unablässig den Kopf zerbrechen, macht es nur noch schlimmer. Gefühle werden unterdrückt oder sie überfluten uns, während wir eigentlich auf uns achten sollten. Wie gehen wir damit um?

Es sind vier Schritte:

Lassen Sie Verurteilungen und sabotierende Gedanken los

1. Erkennen und respektieren Sie erste Anzeichen.
2. Schenken Sie Ihren Gefühlen Ihre volle Aufmerksamkeit.
3. Achten Sie auf Momente der Trägheit.
4. Machen Sie etwas, was Ihnen gut tut.

…und sagen Sie „Ja" zum Leben!

FRÜHWARNSIGNALE ERKENNEN

Das Erkennen der Frühwarnsignale hilft, rechtzeitig für sich zu sorgen. Jeder kennt die Anzeichen von Überlastung. Bei einigen Menschen geht einem Stimmungsumschwung ein verändertes Schlafverhalten voraus. Manchmal ist es auch ein Gefühl der Schwere im Körper oder die Änderung der Stimmlage.

Es können aber auch bestimmte Gedanken sein, die eine negative Stimmung ankündigen. Solche Gedanken drehen sich oft um Verurteilung, Schuld oder Zwang.

Vielleicht stellen Sie auch eine Änderung Ihres Verhaltens fest. Sie isolieren sich stärker, achten nicht mehr so sehr auf Ihr äußeres Erscheinungsbild oder vernachlässigen Ihre täglichen Pflichten im Haushalt.

Wenn Sie diese Signale rechtzeitig erkennen, können Sie die notwendigen Maßnahmen ergreifen, bevor Sie völlig am Boden liegen. Manchmal bietet es sich auch an, Familie und Freunde zu bitten, auf Anzeichen zu achten, da sie sie vielleicht vor Ihnen bemerken und Sie warnen können.

Stellen Sie sich folgende Fragen:

* Welches sind Ihre Frühwarnsignale, die Ihnen anzeigen, dass es Ihnen nicht so gut geht?

....

....

....

....

* Können Sie Ihre Familie oder Freunde bitten, mit aufzupassen? Wer wäre das?

....

....

....

....

Gedanken erzählen Ihnen alles Mögliche.

Denken Sie daran, dass Ihr Blick jetzt gerade getrübt ist

und dass Sie die Dinge häufig als hoffnungslos betrachten.

Sie legen eine Atempause ein und fragen sich:

Wie kann ich am besten damit umgehen?

Lassen Sie die Antwort aus dem

gegenwärtigen Augenblick aufsteigen.

Wenn Ihre Stimmung düsterer wird, ist es wichtig, diesem Gefühl Raum zu geben. In Woche 5 wird dies als „annehmen ohne sich dem Gefühl zu unterwerfen" bezeichnet. Es bedeutet, Ihren Gefühlen freundliche Aufmerksamkeit zu schenken und bei Ihnen zu bleiben. Sie lassen sie zu und Sie lassen sie sein.

Vor über einem Jahr befand ich mich in einer äußerst düsteren Stimmung. Einiges war entmutigend und alles schien auf einmal auf mich zuzukommen. An jenem Tag besuchte mich ein Freund und ich erzählte ihm, dass ich mich etwas niedergeschlagen fühlte. Er schaute mich voller Erstaunen an und sagte: „Bringst du nicht anderen Menschen bei, wie sie mit solchen Situationen umgehen können? Du brauchst doch einfach nur mit dem Finger zu schnippen, und schon ist es vorbei, oder nicht?"

Das ist ein häufig geäußertes Missverständnis: „Er arbeitet schon so lange damit und weiß, wie man nie mehr unangenehme Emotionen erlebt." Das ist nicht realistisch. Achtsamkeit lässt uns dies erkennen und damit arbeiten: Im Paket sind alle Emotionen enthalten.

...gib' ihnen Zeit und würdige sie dadurch...

Emotionen verlangen Ihre volle Aufmerksamkeit. Es geht darum, Ihre Gefühle freundlich zu würdigen. Sie geben ihnen Raum und atmen in sie hinein – ohne sie zu bewerten und ohne zu reagieren. Sie bleiben so lange bei Ihren Emotionen, wie sie Ihre Aufmerksamkeit verlangen. Geduld ist dabei eine wichtige Qualität. Die Einsicht, dass unangenehme Emotionen zum Leben dazugehören, erlaubt es uns, sie ohne Kampf zuzulassen.

Atempause
Innehalten und sich auf den Körper einlassen.
Fühlen Sie sich gerade eher wohl oder eher unwohl?
Welche Emotionen nehmen Sie jetzt wahr?
Benennen Sie sie und geben Sie ihnen Raum.

MIT EINER SCHWIERIGEN EMOTION GEHEN

Sie können mit Wut, Gereiztheit, Traurigkeit oder Frustration gehen. Oder Sie können sich entscheiden, achtsam eine Tasse Tee zu trinken, schwimmen zu gehen oder mit jemandem zu sprechen, der wirklich zuhört.

Machen Sie einen Spaziergang in der Natur.
Nehmen Sie die Vögel, die Bäume und den Himmel wahr.
Seien Sie des Einatmens gewahr.
Seien Sie des Ausatmens gewahr.
Ich atme ein und weiß, dass in mir ein unangenehmes Gefühl ist.
Ich atme aus und lasse es so sein.
Werden Sie sich des Raums um sich herum bewusst.
Erlauben Sie dem Raum, sich um Ihre Emotion zu kümmern.
Ich atme ein und umfasse meine Emotion mit Mitgefühl.
Ich atme aus und vertraue die Emotion dem größeren Raum an.
Ich weiß, dass ein unangenehmes Gefühl aufgekommen ist.
Ich weiß, dass sich dieses Gefühl auch wieder auflöst.
Ich beobachte, höre zu und fühle.
Ich sorge mit Geduld und Achtung für mich.
Ich gehe und atme.

Manchmal ist es uns einfach nicht danach, in *förderlicher* Weise zu handeln. Alles fühlt sich schwer an und ein innerer Dialog hindert uns daran, das zu tun, was wirklich wichtig ist. Selbstsabotage drückt sich typischerweise so aus:

> *Ich habe zu viel zu tun.*
> *Mein Leben ist so schon schwer genug.*
> *Warum sollte ich es mir schwerer machen, indem ich etwas tue, was ich nicht möchte?*
> *Lass' es einfach so, wie es ist. Es gibt schon genug Probleme.*
> *Zusätzliche Anstrengungen machen es noch schwerer.*
> *Warum sollte ich überhaupt etwas tun?*
> *Es fühlt sich nicht stimmig an und mir ist nicht danach.*
> *Es hilft sowieso nicht.*
> *Ich bin zu erschöpft.*

Was sind Ihre typischen Sätze?

....

....

....

....

....

Wenn die Überzeugungen Sie überwältigen, stecken Sie in einer emotionalen Fixierung fest. Die Emotion prägt alle Ihre Erlebnisse, Empfindungen und Gedanken. *Ein Beispiel: Ich bin so traurig, das Leben ist traurig, alles ist traurig.* Die Emotion prägt auch Ihr Verhalten. *Ein Beispiel: Mir ist überhaupt nicht danach, irgendetwas zu tun, also bleibe ich im Bett.*

Wenn Sie niedergeschlagen und lustlos sind und deshalb im Bett bleiben, stehen die Chancen gut, dass es Ihnen noch schlechter geht. Das Gleiche gilt fürs Fernsehen. Wenn Sie eine Stunde durch die Programme „gezappt" haben, fühlen Sie sich noch miserabler. „Es gibt einfach keine gute Sendung."

Deshalb ist es wichtig zu erkennen, wodurch wir uns wirklich „besser" fühlen. Indem wir innehalten, können wir herausfinden, wie wir am besten für uns sorgen. Dies hilft uns in Momenten, in denen wir niedergeschlagen sind, konstruktiv zu handeln. Wir sind gefordert, unserer Gefühle und der Auswirkungen unserer Taten gewahr zu werden.

Sonst werden wir noch trauriger, denn eine solche Form der Aufmerksamkeit und Absicht ist nicht gerade förderlich. Die Antwort auf Ihr Gefühl bzw. die Situation kann dann kaum als angemessen bezeichnet werden.

UND TROTZDEM AUF FÖRDERLICHE WEISE HANDELN

Manchmal ist es wichtig, etwas zu tun, bevor Sie es tun wollen.

Die Chance, sich nach einer Stunde Yoga oder Fahrradfahren besser zu fühlen, ist relativ groß. Nach einer Stunde vor dem Fernseher ist diese Chance dagegen nicht sehr groß. Deshalb ist es sehr wichtig zu wissen, wodurch Sie Energie bekommen oder sich einfach gut fühlen. So können Sie etwas Förderliches tun. Wenn Sie beispielsweise „wissen", dass Ihnen ein Spaziergang gut tut, gehen Sie spazieren. Einfach, weil Sie wissen, dass Ihre Gefühle dadurch Raum erhalten.

Es ist wichtig zu erkennen, dass uns manchmal nicht danach ist, etwas „Förderliches" zu tun. Erst wenn Sie im Schwimmbecken sind, stellen Sie fest, dass Ihnen Schwimmen richtig Spaß macht und gut tut. Oder erst wenn Sie auf dem Fahrrad sitzen, sind Sie überrascht, wie viel Freude Ihnen das Fahrradfahren macht und wie förderlich es ist. Das liegt daran, dass die emotionale Trägheit die Oberhand gewonnen hat. Ihnen muss daher klar sein, dass Sie oft etwas tun müssen, bevor Ihnen danach ist, es zu tun. Seien Sie sich also gewahr, dass Ihre Gefühle Sie manchmal abhalten wollen. Betrachten Sie sie dann, als das, was sie sind, und fangen Sie an.

Nehmen Sie sich Atempausen

Beschließen Sie, dem Leben mehr Raum zu geben. Räumen Sie zum Beispiel Ihren Schreibtisch auf, entrümpeln Sie den Dachboden oder bezahlen Sie Rechnungen. Unerledigte Arbeiten ziehen vor allem dann Energie ab, wenn alles zu viel wird und das Leben zu stagnieren scheint. Aufräumen, abschließen und loslassen. Beseitigen Sie das Chaos, denn es hält Ihren Lebensfluss auf.

Was haben Sie sich vorgenommen?

....

....

....

....

....

Atempause

Halten Sie einen Moment inne und stellen
Sie sich folgende Fragen:
Was kann ich jetzt für mich tun?
Lasse ich mich davon abhalten, es jetzt zu tun?

Manchmal müssen wir Dinge tun, zu denen wir keine Lust haben, die aber einfach zu unseren täglichen oder wöchentlichen Pflichten gehören. Solche „lästigen" Arbeiten erledigen wir oft mit einem klagenden Unterton. Dadurch verlieren wir an Energie. Das muss aber nicht so sein. Indem wir gut darauf achten, wenn solche Tätigkeiten Energie abziehen, können wir zu größerer Klarheit gelangen und eine andere Entscheidung treffen.

* Welche Tätigkeiten lieben Sie nicht, sodass Sie dadurch an Energie verlieren?

....

....

....

....

* Was wollen Sie reduzieren?

....

....

....

....

* Worauf möchten Sie freundliche Aufmerksamkeit lenken?

....

....

....

....

Achtsamkeit ist die radikale Entscheidung, das Leben voll und ganz zu leben und für jeden Augenblick die Verantwortung zu übernehmen. Der erste Schritt ist immer Bewusstheit.

DIE WEISHEIT DES BEWUSSTSEINS

Handeln Sie bewusst, nicht emotional.

Es braucht weise Aufmerksamkeit, um frei von emotionaler Fixierung zu sein. Die Atempause schafft einen Raum, in dem Widerstand und sabotierende Gedanken wahrgenommen werden können. Sie macht das Gefäß größer und erweitert den Blick. Konditionierte Reaktionen können als solche erkannt werden, so dass ihr Einfluss geringer wird und Sie sich Ihrer Entscheidungen bewusster werden. So wissen Sie, was wichtig ist, und können die Verantwortung dafür übernehmen. Sie können der Emotion Raum geben und sehen, was trotzdem möglich ist.

Achtsamkeit „sieht", dass da eine Emotion ist und was die Emotion Ihnen sagen möchte: zum Beispiel „Bleib' im Bett" oder „Häng' dich einfach vor den Fernseher". Achtsamkeit sieht jedoch noch mehr als das, was die unmittelbare Emotion ausdrückt. Achtsamkeit sieht, was hier und was möglich ist, statt es zu unterdrücken oder zu übergehen.

Achtsamkeit weiß auch, dass es nicht klug ist, zu klagen. Im Zustand der Achtsamkeit können Sie eine Entscheidung treffen und weise handeln. Dabei geht es nicht nur um das, was Sie tun, sondern auch um die Art und Weise, wie Sie es tun. Lassen Sie alles andere, das Klagen, das Müssen und das Bekannte los und begegnen Sie jedem Moment ganz neu.

Bill berichtet

Es kostete mich einiges an Kraft, meine alte Gewohnheit aufzugeben. Ich hing einfach an meinen täglichen Fernsehprogrammen. Je länger ich vor dem Fernseher saß, desto mehr wollte ich fernsehen. Selbst, wenn ich spürte, dass es mir nicht gut tat, konnte ich die Gewohnheit nicht aufgeben. Ich schaute mir viele Stunden am Tag Programme an, die ich eigentlich gar nicht sehen wollte. Es ermüdete mich sogar.

Dann erhielt ich Unterstützung von einem Freund. Wir entschieden, dass er mein Fernsehkabel an sich nimmt und wir stattdessen spazieren gehen oder Fahrrad fahren. Bei schlechtem Wetter wollten wir miteinander Yoga praktizieren. Ich spürte an den ersten Tagen förmlich, wie mein Körper protestierte, weil ich das Fernsehen nach der Arbeit nicht einschalten konnte. Schließlich lockerte sich der Griff jedoch.

Mittlerweile habe ich mein Kabel wieder. Hin und wieder sehe ich noch fern, aber es ist jetzt ganz anders. Ich kann es mehr genießen, weil ich mich bewusst entscheide, was ich sehen will und was nicht. Manchmal beschließe ich auch, etwas anderes zu machen, und dies bringt mein Leben ins Gleichgewicht.

Das Leben ist ein Geschenk.
Packe es aus.

JA!

Achtsamkeit bedeutet,
„Ja" zum Leben zu sagen,
„Ja" zu den Gefühlen,
„Ja" zum „Nein".

4. Die Kraft des „Ja"

SAGEN SIE „JA" ZUM LEBEN

Wie fühlt sich das „Ja" energetisch an? Sagen Sie zehnmal laut „ja" zu sich. Wie fühlt sich das an? Wir haben aus verschiedenen Gründen ziemlich viele „Neins" gehört. Manchmal sagen wir auch „Nein", weil wir anderen aus Angst vor Verletzung nicht zu nahe kommen wollen.

Manchmal reagieren wir auch auf schöne Angebote mit einem „Nein", weil wir so beschäftigt sind oder uns sonst schuldig fühlen würden. Sagen Sie auch zu Ihrem „Nein" und dem „Nein" anderer Menschen „Ja".

„JA" IN MEINEM LEBEN

Wann wäre ein „Ja" für mich wichtig? Wozu will ich jetzt „Ja" sagen?

Ja zu

....

Ja zu

....

Ja zu

....

Reflexion

* Kann ein „Ja" zu meiner inneren Erfahrung ein wichtiger Schritt für meine Beziehung zum Leben sein?
* Wie wäre es, innerlich zu allem, was mir begegnet „Ja" zu sagen?

5. Tägliche Übungen

1. **Praktizieren Sie täglich** diejenigen Meditationen, die Ihnen am wichtigsten erscheinen. Nehmen Sie sich dafür jeden Tag mindestens 40 Minuten Zeit. Es kann für die tägliche Meditationspraxis sehr unterstützend sein, wenn Sie immer den gleichen Ort und die gleiche Zeit wählen. Das Wichtigste ist jedoch die Regelmäßigkeit. Erlauben Sie der Weisheit Ihres Körpers und Ihres Geistes, im Moment zu entscheiden, welche Übung Sie „heute" machen möchten.

Beschreiben Sie Ihre Meditationserfahrung

....

....

....

....

....

....

2. **Planen Sie in dieser Woche etwas, das Sie gerne tun und das Sie zufrieden sein lässt.** Dafür können Sie das erste Kapitel zu dieser Woche noch einmal lesen.

....

....

....

....

....

....

3. Vorschläge für diese Woche, die möglicherweise abwechselnd gewählt werden können

Nehmen Sie sich zusätzlich Zeit für schöne kleine Dinge.
Geben Sie täglich sich oder anderen Raum.
Machen Sie etwas Neues, durchbrechen Sie Ihre Routine.

Welche Erfahrungen haben Sie mit dieser Übung gemacht?

....

....

....

....

....

4. Reflexion
Wie sieht mein Gleichgewicht zwischen Stille und förderlichen Aktivitäten aus?

....

....

....

Was ist wirklich wichtig?

....

....

....

Alles Gute für diese Woche.

Offen für das Leben sein,
hier und jetzt,
und sich aus dem Herzen heraus
kreativ einbringen.

Willkommen zu Woche 8

Ihrer Herzkraft gewahr sein

Eines Tages kam ein junger Mann in ein kleines Dorf. In diesem Dorf gab es eine Kirche, die seine Aufmerksamkeit erregte. Als er über den Friedhof neben der Kirche ging, fiel sein Blick auf die Inschrift eines Grabsteins. Er las „2 Jahre". Dann betrachtete er den Grabstein daneben. Dort stand „5 Jahre". „Auch dieser Mensch ist sehr jung gestorben", dachte der junge Mann. Sein Interesse war geweckt und er las auf einem weiteren Grabstein „4 Jahre". Und auf einem anderen „1 Jahr". „Wie seltsam", dachte er, „so viele Einwohner dieses Dorfes sind sehr jung gestorben." Überall auf dem Friedhof schienen sehr junge Menschen begraben zu sein.

Als er den Friedhof gerade wieder verlassen wollte, trat der Dorfpfarrer auf ihn zu. Der junge Mann fragte ihn sofort, warum hier so viele Menschen so jung gestorben sind. Der Pfarrer antwortete: „In unserem Dorf schreiben wir nur die Anzahl der Jahre auf die Grabsteine, die die Menschen wirklich gelebt haben."

Wie viele Jahre haben Sie wirklich gelebt?

Was bedeutet es für Sie, wirklich zu leben?

Wenn Anhaftung oder Ablehnung Sie nicht länger im Griff haben, bewegt etwas anderes Sie durchs Leben: Ihr Herz.

J. Kornfield

1. Herzensmeditation

Das Herz spricht die Wahrheit, alles andere ist Angst.

Schwierige und herausfordernde Momente gehören zum Leben dazu. Wir legen uns jedoch viel zu leicht einen Panzer zu und verhärten. Auch unsere Stimme und unsere Taten werden hart. Sobald wir erkennen, dass wir so nicht wirklich glücklich sein können, suchen wir nach einem neuen Weg. Dieser Weg kann nicht in Büchern, Kursen oder Worten von anderen gefunden werden. Der einzige Ort, der uns sagt, was für uns wirklich stimmt, liegt tief in uns selbst. Dafür müssen wir still werden und hinhören. Nur dann können wir die Stimme unseres Herzens hören.

Die Stimme Ihres Herzens ist immer sanft. Manchmal können Sie sie nicht hören, weil zu viele Gedanken in Ihrem Kopf sind, zu viele Ziele oder zu viele Meinungen anderer. Sie wissen nicht mehr, was richtig ist, weil jemand, den Sie bewundern, etwas anderes sagt als das, was Sie tief in sich fühlen.

> *Still werden*
> *Raum geben*
> *Intensiv hinhören*
> *Aus dem Herzen antworten*

Ein kleines Lächeln hilft uns, mit dem Herzen Kontakt aufzunehmen. Die Energie des Lächelns kultiviert eine nicht wertende Haltung und Freundlichkeit gegenüber sich selbst, anderen und der Welt. Dies schafft Raum für das, was ist.

Mit der folgenden Meditation können wir die Qualitäten des Herzens kultivieren. Sie besteht aus fünf Teilen. Sie können entscheiden, ob Sie die ersten drei Teile in der angegebenen Reihenfolge durchführen möchten. Vielleicht fällt es Ihnen ja auch leichter, durch den zweiten oder dritten Teil Zugang zu Ihrem Herzen zu finden.

Herzensmeditation

Wir beschließen jetzt, diese Qualitäten zu kultivieren. Lassen Sie dazu Ihre Körperhaltung Leichtigkeit ausstrahlen. Sie können diese Übung auch im Liegen durchführen. Erlauben Sie sich, voll und ganz im Hier zu sein und sich in den Moment zu entspannen. Sie können einige tiefe Atemzüge nehmen und mit dem Ausatmen loslassen. Lassen Sie den Atem dann in seinem natürlichen Rhythmus fließen.

Richten Sie Ihre Aufmerksamkeit jetzt auf Ihr Gesicht. Schauen Sie, ob Ihnen ein leichtes Lächeln gelingt. Sie können sich auch ein schönes Lächeln vorstellen. Sie können dabei an jemanden denken, den Sie kennen und gestern oder vor zwanzig Jahren getroffen haben, es kann aber auch von jemandem sein, den Sie nicht weiter kennen. Stellen Sie sich einfach ein freundlich lächelndes Gesicht vor und nehmen Sie wahr, wie sich dies auf Ihren eigenen Gesichtsausdruck auswirkt. Vielleicht werden Sie spontan weich und lächeln ebenfalls. Atmen Sie bewusst in dieses Lächeln, diesen offenen Raum hinein. Lassen Sie es zu und lassen Sie es los.

Lassen Sie Ihr lächelndes Gewahrsein nun Ihren Hals hinab in Ihr Herz strömen und werden Sie sich der Gefühle bewusst, die jetzt da sind – ohne sie zu bewerten und ohne es anders zu wollen. Alles ist in Ordnung. Was da ist, ist da, und davon gehen Sie aus. Schauen Sie, ob Sie bereit sind, von dem aus zu beginnen, was jetzt ist – unabhängig von Ihrer Erfahrung im Jetzt. Sind Sie zuversichtlich, dass Sie mit dieser Erfahrung arbeiten können? Geben Sie dem einfach Raum und atmen Sie in das hinein, was jetzt ist.

Wir werden jetzt aktiv einige Qualitäten in unser Herz hineinatmen: Möge ich glücklich sein, möge ich gesund sein, möge ich sicher sein, möge ich geschützt sein etc. Ihre Aufmerksamkeit bleibt auf das Herz gerichtet. Nehmen Sie einfach wahr, was dieser Wunsch in Ihnen bewirkt. Arbeiten Sie eine Weile damit.

Nun gehen wir zum zweiten Teil der Meditation über. Stellen Sie sich dafür intensiv einen guten Freund oder eine Person vor, mit der Sie sich gut verstehen, und schicken Sie diesem Menschen dieselben Wünsche: Mögest du glücklich sein, mögest du gesund sein, mögest du sicher sein, mögest du geschützt sein. Sprechen Sie diese Worte mit einer klaren Absicht aus.

Im dritten Teil stellen wir uns eine Person vor, zu der wir ein neutrales Gefühl haben. Dies könnte ein Kollege oder jemand sein, dem Sie regelmäßig in einem Geschäft begegnen. Schicken Sie Ihre positiven Wünsche auch zu diesem Menschen: Mögest du glücklich sein, mögest du gesund sein, mögest du sicher sein, mögest du geschützt sein.

Jetzt gehen wir zum vierten Teil über und stellen uns jemanden vor, mit dem wir es nicht leicht haben. Es kann sein, dass Sie dabei eine gewisse Anspannung verspüren. Schauen Sie, ob Sie diesem Menschen trotzdem von Herzen einen positiven Wunsch schicken können: Mögest du glücklich sein, mögest du gesund sein, mögest du sicher sein, mögest du geschützt sein. Wie Sie möchte auch diese Person frei von Schmerz und Leiden sein.

Als integrierendes Element dieser Meditation lassen wir die drei vorgestellten Menschen vor unserem inneren Auge mit uns einen Kreis bilden. Sprechen Sie jetzt die folgenden Worte: Mögen wir glücklich sein, mögen wir gesund sein, mögen wir sicher sein, mögen wir geschützt sein. Sie können aber auch Worte wählen, die Ihrem Herzen näher sind. Nehmen Sie nun wahr, wie die einzelnen Menschen die Wünsche aufnehmen und ob es Ihnen leicht oder schwer fällt, jedem Einzelnen diese Wünsche zu schicken.

Jetzt erweitern wir den Empfängerkreis unserer positiven Wünsche auf alle und alles, die bzw. das im gegenwärtigen Augenblick in unser Bewusstsein tritt. Berühren Sie alles mit Ihrem Herzen. Dazu können Sie folgende Worte benutzen: Mögen alle Wesen glücklich sein, mögen alle Wesen gesund sein, mögen alle Wesen sicher sein, mögen alle Wesen geschützt sein.

Lassen Sie jetzt los, entspannen Sie sich in das Gewahrsein Ihres Atems und Ihres Körpers und heißen Sie die Erfahrung, die sich jetzt zeigt, willkommen. Berühren Sie sie mit Freundlichkeit, Sanftheit und Offenheit und würdigen Sie den Moment, wie er jetzt ist.

Nehmen Sie wahr, ob Sie die Welt, wie Sie sich in allen ihren Facetten zeigt, mit einem freundlichen inneren Lächeln betrachten und den nächsten Augenblick vielleicht aus Ihrem Herzen heraus begrüßen können.

Manchmal geschieht etwas,
das sich nicht mehr ändern lässt.

Sie haben die Wahl:
Sie können jammern und klagen,
Sie können sich aber auch entscheiden,
das anzunehmen, was nicht zu ändern ist,
und das zu tun, was jetzt am besten ist.

Was sagt mir mein Herz?

Das Leben ist ein ständiges Auf und Ab. Emotionale Schmerzen lassen sich nicht völlig vermeiden. Sie fühlen sie in der Meditation. Selbst wenn Sie in diesen letzten Wochen hauptsächlich angenehme Gefühle erlebt haben, wird dies mit Sicherheit nicht immer so sein. Statt also die Meditation wieder aufzugeben, weil sich die Achtsamkeitspraxis nicht als Allheilmittel erwiesen hat, können Sie sie auch als ein Weg betrachten, mit dem Wandel umzugehen. Lob und Schuld, Freude und Leid, Gewinn und Verlust, alles trägt in sich die Möglichkeit, Sie zu stärken und Raum für das zu schaffen, was Sie andernfalls überwältigen würde.

Ingrid ist eine allein erziehende Mutter mit zwei Kindern. Sie war sehr glücklich über diesen Kurs, ihr Gedankenstrom beruhigte sich im Laufe der Übungen und sie fühlte sich jedes Mal tief entspannt. Sie stellte fest, dass sie auch mit ihren Kindern besser umgehen konnte. Nach den acht Wochen setzte sie die Übungen gewissenhaft fort. Ihr Leben erfuhr jedoch einige Veränderungen. Sechs Wochen nach dem Trainingsprogramm entließ ihr Arbeitgeber sie wegen „Umstrukturierungsmaßnahmen". Sie stand plötzlich ohne Einkommen da. Kurz darauf teilte der Direktor der Schule ihres Sohnes ihr mit, dass ihr Sohn so verhaltensauffällig wäre, dass er in einer Sonderschule besser aufgehoben wäre. Eine solche Schule war jedoch einiges weiter entfernt. Ingrid fühlte sich im Stich gelassen und es überkam sie eine bedrückende Hilflosigkeit. Sie versuchte, wieder zu meditieren, um die angenehmen Gefühle zu spüren, die sie mit der Meditation verband. Diese Gefühle stellten sich jedoch nicht ein. Im Gegenteil: In den Meditationen erlebte sie jetzt überwältigendes Leid und emotionale Stürme. „Ich meditierte dennoch weiter", sagte sie. „Das Acht-Wochen-Training und der Weg zu innerer Freiheit[8] ließen mich erkennen, dass solch schwierige Situationen

---

8   Achtsamkeit – Der Weg zu innerer Freiheit (Arbor Verlag 2009)

zum Leben dazugehören und dass die Meditation ein Weg ist, um damit umzugehen. Ich folgerte nicht daraus, dass Meditation sinnlos ist, sondern lernte, Meditation als ein Weg zu begreifen, um meinen Erfahrungen mit Respekt zu begegnen. Die Einsicht in die Art und Weise, wie ich mich von meinen Gefühlen ablenkte, half mir, meinen Emotionen jetzt die Aufmerksamkeit geben zu können, die sie brauchen."

Atempause

Innehalten und atmen.

Still werden.

Was ist jetzt wirklich wichtig?

Atempausen bieten mir die Chance,
mich bewusst zu entscheiden,
auf eine Situation oder ein Gefühl
mit Würde und Achtung für mich selbst
und für andere
zu antworten,
statt einfach nur unangemessen zu reagieren.

Was ist jetzt hier?
Was möchte ich damit tun?
Wofür entscheide ich mich jetzt?

Auf meine Gefühle achten

Nehmen Sie sich mit Ihren Gefühlen an.

Nehmen Sie sich Zeit für sich.

Seien Sie sich bewusst, dass Sie so,
wie Sie sich jetzt fühlen,
in Ordnung sind.

Etwas Unterstützendes tun

Sich bewegen, Fahrrad fahren oder
spazieren gehen.

Mit Freunden wandern gehen.

Etwas tun, was Spaß macht –
vielleicht etwas Originelles
und ganz Neues.

**Darüber sprechen
oder mich dafür einsetzen**

Ihre Gefühle ausdrücken.

Zeigen, was jetzt ist.

Anderen die Chance geben,
Bescheid zu wissen
und Sie zu unterstützen.

Ehrlich „Ja" und
ehrlich „Nein" sagen.

Sich für das einsetzen,
was Sie wollen.

Sobald wir gelernt haben,
unsere emotionalen Reaktionen loszulassen,
können wir auch unsere Verteidigungshaltung loslassen
und wahrnehmen, was wirklich wichtig ist.
Dann können wir unsere Absichten
und Taten konkret werden lassen.
Auf diese Weise folgen wir dem
Pfad des Herzens.

Man kann nichts Großartiges tun,
sondern nur kleine Dinge
mit einem großen Herzen.
Mutter Theresa

Wir haben nur diesen einen Augenblick. Es liegt an uns, wie wir damit umgehen. Wir haben nicht über alles in unserem Leben die Kontrolle. Wir können entscheiden, wie wir auf die Ereignisse in unserem Leben antworten und wie wir aus der Tiefe leben wollen. Dies ist die Freiheit, die wir kultivieren können.

Wenn wir uns in der Meditation mehr und mehr mit dem allumfassenden Gewahrsein verbinden, werden alle Facetten unseres Lebens von heilender Aufmerksamkeit berührt. Teilnehmer des Trainingsprogramms berichten von positiven Veränderungen in ihrem Leben, die während der acht Wochen nicht ausdrücklich angesprochen wurden.

Es kann nützlich sein, innezuhalten, um die verschiedenen Facetten des Lebens wahrzunehmen. Dazu mag es hilfreich sein, die Dinge aus dem Blickwinkel der verschiedenen Rollen zu betrachten, die Sie im Leben zum Beispiel als Partner oder Kollege einnehmen. Was ist wirklich wichtig und was bedarf Ihrer Aufmerksamkeit?

Peter beschreibt es so:

Mir war klar, dass Wut im Miteinander mit meinen Kindern nicht funktioniert. Deshalb habe ich beschlossen, immer dann eine Atempause mit dem Fokus auf dem Herzen einzulegen, wenn ich merke, dass ich wütend werde. Dadurch kommuniziere ich respektvoller.

Reflexion

Worauf möchte ich meine Aufmerksamkeit richten?

Wie mache ich das?

Ich bin immer noch davon überzeugt,

dass es nichts Größeres

als Wahrhaftigkeit gibt.

Der Sinn des Lebens besteht nicht darin,

glücklich zu sein

und Schmerz zu vermeiden,

sondern wahrhaft zu leben.

Martin Luther King

2. Ein tiefes Verständnis

Wenn wir jeder Welle des Lebens im Geist eines Anfängers und mit Respekt begegnen, stellen wir fest, dass uns die nächste Welle etwas vollkommen Neues bringt. Jede Welle ist einzigartig. Alle Wellen zusammen sind das Leben.

Das Leben ist wie ein See, manchmal ruhig und manchmal sturmgepeitscht. Es gibt gute Tage und es gibt schlechte Tage. Das ist die Wirklichkeit. Diese Wirklichkeit gilt für alle. Ein intensives Leben kennt Erfolg und Verlust, Freude und Traurigkeit. Das liegt in der Natur des Lebens. Wenn wir bereit sind, dies vollständig anzuerkennen, können wir angesichts der Wirklichkeit, wie sie ist, entspannen.

Entspannung an sich ist kein passives Hinnehmen, sondern vielmehr eine Möglichkeit, das Leben in seiner ganzen Fülle und mit seinen Höhen und Tiefen zu erfahren. Wenn wir auch die schlechten Tage voll und ganz annehmen können, stellen wir fest, dass der Strom des Lebens auch hier frei fließt. Wir können dann die Tage, an denen es uns nicht so gut geht, als Teil der Wirklichkeit akzeptieren.

Je besser wir mit der Erfahrung unseres Menschseins vertraut sind, desto intensiver leben wir. Statt wie in einer Pendelbewegung gefangen zu sein, weil wir versuchen, unangenehme Gefühle zu vermeiden bzw. abzulehnen und an angenehmen Gefühlen festzuhalten, können wir unser Leben so leben, dass wir seine tiefere Bedeutung, Respekt und Würde erfahren.

Achtsamkeit bedeutet, zum Leben zu finden, den Tanz in vollen Zügen und mit offenem Herzen auszukosten und zu dem immerwährenden Prozess beizutragen, der sich „Leben" nennt. Der achtfache Pfad der Freiheit (*Achtsamkeit. Der Weg zu innerer Freiheit*)kann hier eine Quelle der Inspiration darstellen.

Atempause

Werden Sie einen Moment lang still.

Was ist jetzt da?

Habe ich die Stille des Herzens verloren?

EINE VERPFLICHTUNG

Im Laufe der letzten acht Wochen hatten Sie die Gelegenheit, zu erfahren, was Meditation bewirken kann. Wenn die wahrgenommenen Veränderungen für Sie hilfreich waren, sind Sie ja vielleicht motiviert, die Praxis fortzusetzen. Meditation erfordert wie alle zu erlernenden Fähigkeiten regelmäßige Praxis, und sie kann mehr und mehr ausgedehnt werden. Ich persönlich entdecke auch nach 20 Jahren Meditationspraxis immer noch neue Dimensionen, Öffnungen und Möglichkeiten. Für mich sind die folgenden Worte eines Pianisten immer wieder inspirierend:

> *„Wenn ich einen Tag lang nicht übe, fällt es mir auf.*
> *Wenn ich zwei Tage lang nicht übe, fällt es meinen Kritikern auf.*
> *Wenn ich drei Tage lang nicht übe, fällt es meinen Anhängern auf."*

Verurteilen Sie sich nicht, wenn Sie die Übungen mal nicht gemacht haben. Lassen Sie es eine christliche Achtsamkeitspraxis sein: Keine Arbeit am Sonntag! Nehmen Sie sich einfach nur täglich Zeit dafür und sorgen Sie für einen geeigneten Ort. Bleiben Sie mit dem weichen Teil in sich verbunden.

Folgen Sie jetzt der harten Stimme
oder der Stimme des Herzens?

Seien Sie dessen gewahr,
was sich in jedem Augenblick zeigt,
und erlauben Sie dem Leben,
Sie zu erleuchten.

Auf diese Weise können Sie
mit der Begeisterung eines Kindes leben,
das eine Rosine in ihrer Fülle erkennt,
und mit dem Geist des Weisen,
der den Herausforderungen des Lebens
respektvoll begegnet.

Mögen Sie glücklich sein.

Mögen Sie gesund sein.

Mögen Sie geschützt sein.

Mögen Sie sicher sein.

Mögen Sie Mitgefühl erfahren.

Mögen Sie gesegnet sein.

Mögen Sie offen und gefestigt durchs Leben gehen und

allen Herausforderungen des Lebens respektvoll begegnen.

Ich bin dankbar für alles, was mir auf meinem Weg begegnete – nicht nur für die Höhen, auch für die Tiefen. Ich habe mir nie schwere Zeiten gewünscht und doch gab es sie. Sie sind aus meinem Leben und aus unser aller Leben nicht wegzudenken. Die Achtsamkeitspraxis hat mich gelehrt, damit zu arbeiten und mehr in mein Menschsein hineinzuwachsen.

Inspiriert haben mich insbesondere Menschen wie Jack Kornfield und Thich Nhat Hanh. Doch sie waren nicht die Einzigen. Mich berühren all diejenigen, denen es ein Anliegen ist, das Wunder der Achtsamkeit mit Ernsthaftigkeit weiter in die Welt zu tragen.

Ich danke Jon Kabat-Zinn. Er hat das achtwöchige Übungsprogramm ins Leben gerufen. Ich danke auch Zindel Segal, Mark Williams und John Teasdale, die mit der Entwicklung der MBCT der Achtsamkeitspraxis in der westlichen Welt zum Durchbruch verhalfen. Des Weiteren möchte ich Herbert Benson und Peg Baim vom Mind/Body Medicinal Institute danken. Sie haben mich in die Welt der Körper/Geist-Medizin eingeführt.

Vor allem aber möchte ich den Teilnehmern an meinen Kursen für ihr Vertrauen und den Part danken, den sie in meinem Leben übernehmen. Und nicht zuletzt gebührt mein Dank meinen Freunden, meiner Frau und meinen Kindern, mit denen ich auf diesem geheimnisvollen Weg bin, der sich Leben nennt.

DER AUTOR

David Dewulf, Doktor der Medizin, hat sich und sein Leben ganz der Mind/Body Medicine („Geist/Körper-Medizin") und der Achtsamkeit verschrieben. Lange Zeit lebte er im fernen Osten, wo er Kundalini Yoga, taoistische Meditation, Qigong und buddhistische Meditation gemäß der tibetischen und der Theravada-Tradition praktizierte.

Seine Studien führten ihn in über zwölf Länder, so auch in die Vereinigten Staaten zu Herbert Benson an das Mind/Body Medical Institute in Boston und zu Jon Kabat-Zinn ans Center For Mindfulness in Worcester. Er hielt Kurse im Rahmen des Graduiertenprogramms „Clinical Training in Mind/Body Medicine" ab.

David Dewulf war in der psychiatrischen Abteilung der Universitätsklinik (Belgien) sieben Jahre lang Rahmen eines Programms zur Rückfallprophylaxe bei Depressionen tätig. Die Ergebnisse des laufenden dreijährigen MBCT-Forschungsprojekts zeigen eine Rückfallrate von 70 % in der Kontrollgruppe und 30 % in der Interventionsgruppe.

IAM

David Dewulf gründete das „Institute for Attention and Mindfulness" („Institut für Aufmerksamkeit und Achtsamkeit"), an dem Training, Ausbildung und wissenschaftliche Untersuchungen stattfinden. Das Institut vergrößert sich stetig und beschäftigt derzeit 20 Mitarbeiter. Das IAM bietet wöchentliche Sitzungen, Intensivtrainingsprogramme, formelle Ausbildung, individuelles Coaching, Ferienprogramme und Retreats sowie spezielle Programme für Jugendliche, im Gesundheitswesen tätige Personen und Organisationen an.

Weitere Bücher aus dem Arbor Verlag

David Dewulf

Achtsamkeit

Der Weg zu innerer Freiheit

Das vorliegende Buch präsentiert uns Achtsamkeit in einer vielfältigen, leichten und lebendigen Form. Übungen und praktische Erkenntnisse, Anregungen, Gedanken und Gedichte umspielen assoziativ die buddhistischen Grundprinzipien der Achtsamkeitspraxis. Zeitgenössische Blickwinkel – die der Kognitiven Psychologie, der Positiven Psychologie und der Körper/Geist-Medizin – nehmen hierbei einen wichtigen Platz ein.

Vor allem aber ist Achtsamkeit ein Buch zur Begleitung der achtwöchigen MBSR-Praxis (Mindfulness Based Stress Reduction). Die Anregungen und Hilfestellungen dieses Buches sind hervorragend geeignet, uns in der täglichen Schulung unseres Gewahrseins zu begleiten.

Achtsamkeit ist eine offene Einladung, ein Begleiter auf dem Weg der Erkundung achtsamer Pfade. Seit 2.500 Jahren strahlt die Kraft des inneren Gewahrseins, das Herz buddhistischer Praxis, in das Leben der Menschen. Die zeitlose Struktur, die der Buddhismus der Achtsamkeitspraxis gegeben hat, dient auch als Rahmen dieses Buches.

ISBN 978-3-936855-90-6

Bob Stahl & Elisha Goldstein

Stressbewältigung durch Achtsamkeit

Das MBSR-Praxisbuch

Stress und Schmerzen sind im täglichen Leben fast unvermeidbar, sie sind Teil unseres menschlichen Seins. Doch Stress führt oftmals dazu, dass wir uns gereizt, angespannt, überwältigt und ausgebrannt fühlen.

Es geht auch anders!

Lernen Sie in Stressbewältigung durch Achtsamkeit, wie Sie ungesunde Gewohnheitsmuster durch achtsame Gewohnheiten ersetzen können – eine Fähigkeit, die Sie ein Leben lang begleiten kann. Der Schlüssel zur Wahrung der Balance liegt darin, auf Belastungen nicht mit Frustration und Selbstkritik zu reagieren, sondern mit einem achtsamen nichturteilenden Gewahrsein unseres Körpers und der Aktivitäten unseres Geistes. Unmöglich? Tatsächlich ist es viel einfacher, als es scheint!

Mit einem Vorwort von Jon Kabat-Zinn

ISBN 978-3-86781-017-3

Kabat-Zinn, Jon und Ulrike Kesper-Grossman

Die heilende Kraft der Achtsamkeit

Stärkung der Gesundheit mit Hilfe
einer alten buddhistischen Praxis

Das Meditationsprogramm, das durch den Alltag begleitet.
Die auf den CDs praxisnah und leicht umsetzbar vorbereiteten
Meditationen haben bereits vielen Menschen geholfen. Zehntau-
sende von Patienten mit Herzbeschwerden, chronischen Schmerzen,
Krebs oder anderen schweren, oft unheilbaren Krankheiten pro-
fitieren bereits von der heilenden Kraft der Achtsamkeit.
Die Praxis der Achtsamkeit ist ein wertvolles Hilfsmittel, uns zu
regenerieren und unser inneres Gleichgewicht wiederzufinden.
Sie befähigt uns, jeden Augenblick unseres Lebens mit größerer
Wachheit, Klarheit und Akzeptanz zu leben.
Das Büchlein mit Doppel-CD enthält mehrere der in der Stress
Reduction Clinic entwickelten Achtsamkeitsmeditationen.
Die deutsche Bearbeitung der geführten Meditationen stammt von
Ulrike Kesper-Grossman, die mehrere Jahre an der Stress Reduction
Clinic mitarbeitete und heute in freier Praxis in Freiburg tätig ist.

*„Die Schönheit der meditativen Arbeit liegt darin, dass wir auf die
Praxis selbst vertrauen können, um uns aus dem Schlamassel zu führen.
Sie hält uns auf dem Pfad, selbst in den dunkelsten Momenten; sie stellt
sich selbst unseren fürchterlichsten Geisteszuständen und äußerlichen
Bedingungen. Sie erinnert uns an unsere Möglichkeiten."*
Jon Kabat-Zinn

Halbleinen-Buch mit Doppel-CD, ISBN 978-3-936855-99-9

Jon Kabat-Zinn

Zur Besinnung kommen

Die Weisheit der Sinne und der Sinn der Achtsamkeit in einer aus den Fugen geratenen Welt

Unsere Gesundheit und unser Wohlergehen stehen auf dem Spiel, wenn es uns nicht gelingt, in dieser aus den Fugen geratenen Welt wieder zur Besinnung zu kommen, als Individuen und als menschliche Gemeinschaft. Dies ist die zentrale These des bekannten Verhaltensmediziners und Meditationslehrers Prof. Dr. Jon Kabat-Zinn, dessen Programm der „Stressbewältigung durch die Praxis der Achtsamkeit" (MBSR) weltweit in immer mehr Universitätskliniken, Krankenhäusern, Gesundheitszentren, aber auch in wirtschaftlichen und politischen Institutionen erfolgreich praktiziert wird.

Der Königsweg zu dieser Belebung der Weisheit der Sinne ist die Achtsamkeit. Ihre heilsame Kraft ist in der buddhistischen Meditationspraxis seit zweieinhalb Jahrtausenden erforscht, erprobt und angewendet worden. Dieses Buch zeigt, wie wir mit Hilfe dieser Praxis wieder zur Besinnung kommen und mit allen Sinnen zu einem gesunden und erfüllten Leben in der Gemeinschaft finden können.

ISBN 978-3-936855-17-3

Jon Kabat-Zinn
108 Momente der Achtsamkeit

Achtsamkeit kann uns unendlich viel geben. Sie vermag unser physisches, psychisches und geistiges Wohlbefinden zu stärken. Sie ist ein Quell wahren Gesundseins.
Doch nicht immer ist unser Vertrauen in die hilfreichen Qualitäten der Achtsamkeit zugegen. Dann bedarf es der Inspiration und manchmal auch der behutsamen Erinnerung daran, wie kostbar jeder einzelne Moment unseres Lebens ist.

108 Momente der Achtsamkeit, feinfühlig und umfangreich illustriert, bringen uns den Reichtum und die Segnungen wahren Gewahrseins nahe. Jon Kabat-Zinn ermuntert und bestärkt uns darin, Achtsamkeit in jedem Moment unseres Lebens Raum zu geben. Seine 108 Juwele der Weisheit vermitteln uns einfache, intuitiv zu erfassende Wege, auf denen wir uns selbst und anderen freundlich und auf lebendige Weise begegnen können.

ISBN 978-3-936855-68-5

MBSR: Kontakte & Materialien

Mindfulness Based Stress Reduction und andere
achtsamkeitsbasierte Ansätze im deutschsprachigen Raum

Den umfassendsten Überblick über Lehrer und Angebote im
deutschsprachigen Raum finden Sie unter

www.mbsr-deutschland.de

Hier finden Sie eine gute Übersicht nahezu aller Lehrer, die sich
in ihrer Arbeit eng an MBSR orientieren.
Auch finden Sie hier umfangreiches Hintergrundmaterial sowie
alle Termine jener MBSR-relevanten Fortbildungen, Kongresse
und Workshops, die in enger Kooperation mit der amerikani-
schen Gründungsorganisation, dem Center for Mindfulness, im
deutschsprachigen Raum stattfinden.

Ein breites Angebot an Praxisratgebern und Fachliteratur zu MBSR
und weiteren achtsamkeitsbasierten Ansätzen finden Sie unter

www.arbor-verlag.de/mbsr

Gerne informieren wir Sie über unsere weiteren
Veröffentlichungen. Schreiben Sie uns oder besuchen
Sie uns im Internet unter:

www.arbor-verlag.de

Hier finden Sie umfangreiche Leseproben,
aktuelle Informationen zu unseren Büchern und
Veranstaltungen, Links und unseren Buchshop.

Arbor Verlag GmbH • D-79111 Freiburg
Tel. 0761. 401 409 30 • info@arbor-verlag.de